京都大学総長メッセージ
2003~2008

変動帯の文化
国立大学法人化の前後に

京都大学第24代総長
尾池和夫

京都大学学術出版会

はじめに

昔の京都大学の総長に、総長の仕事はどのようなものかと聞いたら、一年かかって卒業式と入学式の式辞を考えるのが仕事だと言われたという話を、何代か前の総長から聞いたことがある。なるほどうまい言い方だと思って、人ごとのように笑いながら聞き流した。そのとき、まさか自分がそのような式辞を考える立場になるとは思いもよらなかった。

二〇〇三年一二月一六日を期して第二四代京都大学総長に就任することになったとき、真っ先に頭を占領した難題が、翌年一月二三日には博士学位授与式で式辞を述べなければならないという事態だということだった。それぞれに自分の才能を生かしつつ、長い年月にわたる努力で新しく京都大学の博士になって、学問の入り口に立った人たちの前で、また学問を究めた副学長や研究科長たちの前で、お祝いの言葉を述べなければならないのである。

しかも、昔の総長とちがって、学年の初めから数えると、四月の学部入学式と大学院入学式、五月と九月と一月と三月の博士学位授与式、医療技術短期大学部の卒業式、三月の修士学位授与式、それに学部卒業式である。たいへんなことになったと実感した。

その上、翌二〇〇四年四月一日には国立大学法人法によって、国立大学法人京都大学ができて、それが京都大学を設置するという、前代未聞の出来事が待っていた。それに向かってさまざまの仕事が時間順に設定されていた。もちろんそれまでも副学長の立場で、たいへんな時代を予測して、一年以上前から法人化の準備をしていたのであるが、わからないことは先送りとなる仕組みは大学でも同じで、次の人たちはたいへんだと思いながらの準備であった。

二〇〇三年九月二六日に、十勝沖に予測されていた大地震が起こった。その日が次期総長の選挙日程の二日間が始まる日だった。もちろん地震学者の私にとっては、十勝沖地震の起こり方を確認する方が大切な仕事で、情報の収集に必死になっていた。記者の方たちがいろいろと説明を求めてこられるのは、いつものことであり、そのための資料づくりに追われていた。

翌二七日になって、京都大学本部の総務部から記者会見の用意をと言われても、まだ地震の説明だとばかり思っていた私に、次期総長に決まった感想を述べるようにという、とてつもない仕事が突然、そのとき与えられたのである。

この本は、日本の国立大学制度の激動の時代に、さまざまの機会に私が述べた式辞や祝辞や挨拶の原稿から、京都大学出版会の佐伯かおるさんによって編集された本である。原稿の収集は京都大学の広報を担当していた中植由里子さんが、休日をつかって実行しつつ、内容を吟味してくださった。

本の題となった「変動帯」は、大学法人化の激動の謂ではなく、現在の地球表層で、世界的に見てもっとも激しくプレートが集まってきている東アジアにある日本の自然環境を表す言葉として選んだ。一部の和英辞書で「変動帯」とひくと mobil belt と出てくることがあるが、これだと帯そのものが移動して行くことになるので、考え方としては「変形帯」であり、deformation belt という言葉が適切であると思う。その変形によって巨大地震が起こる地域である。

海のプレートが陸のプレートの下に沈み込むプレート境界にはマグニチュード八以上の巨大地震が起こる。例えば後三〇年ほどで起こるであろう南海トラフの巨大地震がそれである。そのようなプレート境界から押してくる力で内陸の地殻にストレスが貯まり、そのストレスを解消するために内陸にも大地震が起こる。くり返し起こる大地震で活断層性の地形が作られ、盆地や平野が近畿北部にも発達した。

活断層盆地の一つである京都盆地に、朝鮮半島から移り住んだ秦氏が酒を伝え、やがて都が栄えて古都京都の文化が育った。京都には日本酒、豆腐、湯葉、生麩、茶の湯、友禅、和菓子、半導体と、その時代のものが活断層盆地の堆積層に貯えられた豊かな地下水によって育まれてきた。もちろんそれらに裏付けされた京料理や京舞も重要な京都のもてなしの文化である。それを私は「変動帯の文化」と呼ぶことにした。

言いかえれば、活断層運動が生み出した地下水のおかげで都ができて、大都市が栄えたのであるから、そこに大地震が起こるという原理がある。大地震は大都市の地下に起こるということができる。しかし、活断層運動によってできた地形の恩恵を受けて数千年を過ごすうちの、ほんの数秒間だけが大揺れになるのだから、怪我をしないようにその数秒を乗り切ることを心がければ、災害は軽減できるのである。

その原理を市民に知ってもらうことが、変動帯の文化の基本であろうと思って、折にふれて京都盆地の仕組みを話してきた。それがおのずから本書に収めた式辞や祝辞や挨拶の中に織り込まれた京都盆地の構造の話であり、大地震の起こる仕組みの説明である。

また、最近の千五百万年ほどのプレート運動で、日本海が拡大して日本列島が現在の位置にきて現在の形になった。中緯度で縁辺海を持つのは世界にただ一つ日本列島だけである。日本海から大量の水が蒸発して日本列島に豪雪をもたらし、台風も豪雨を降らせる。冬の北山時雨は、舞鶴あたりでは豪雨になるときもあるが、それが京都盆地に豊かな地下水をもたらし、夏の湿度を高めて、楓の美しい紅葉を生み出す。その仕組みが四季折々の風物の変化を生み出して季語を整え、俳句という短詩形の文芸を完成させた。

京都大学の大きなキャンパスは、吉田と宇治と桂にあり、それぞれ花折断層、黄檗断層、西山断層の近くにある。どの断層が動いてもキャンパスには震度七の揺れが起こる。そのときに備えておいてほしいと思うと同時に、学生のみなさんには、活断層運動が生み出した美しい地形に描かれる四季折々の景色を楽しみ、豊かな地下水の文化を味わって卒業してほしいと願いつつ、さまざまの機会に話したことを記録として、この一冊にまとめてみた。

限られた紙面に、式辞や祝辞や挨拶を網羅することはできない。ここに採用していないからと言って、決して手抜きしたつもりはない。また、それぞれの文章には京都大学に蓄積された知からの引用があり、また現役の教員や学生たちの新しい研究内容の引用もたくさんある。本来なら、それらの引用元を逐一明示することが必要かもしれないが、この本の性格上、省略することをどうかご容赦いただきたい。また、京都大学の学生にこれだけは伝えたいと思うことがたくさんあって、聞いている学生はいつも入れ変わっていくのだから、どうしても式辞などに同じテーマが登場する。この本では、それをあえて整理せずに、いくつかの点ではくり返し出てくるままにした。その点もこの本の性質上ご容赦をお願いしたい。

この本が、国立大学法人化の前後の記録の一つとして、京都大学の内外のみなさまに役立つことがあれば、私の望外の喜びである。あらためて、お世話になったみなさまに、また、ご支援くださった学内外の方々に、こころからお礼申し上げる。

二〇〇九年五月三一日（日曜日）

尾池和夫

変動帯の文化――国立大学法人化の前後に　目次

第一部　自学自習の伝統

第三部　大学と社会

第一部

自学自習の伝統

2008年 3 月25日，卒業式にて

1　あと五キロ走れ
――総長の交代式――

長尾真前総長からの引継ぎを受けて、第二四代の京都大学総長を務めさせていただきます。先輩方、評議員、部局長をはじめ、多くの方々のご列席をいただいての交代式にあたり、私の考えを、一部ではありますが、ここにお話し申し上げ、皆様のご指導とご協力を賜りたく、よろしくお願いいたします。

マラソンという競技は、ご承知のように四二・一九五キロメートルを走ります。それをフルマラソンといいます。それ以上の距離を走るのはウルトラマラソンというのです。私は一八歳で京都大学に入り、学部卒業と同時に二二歳で助手に採用され、今六三歳です。一年一キロメートルとしてマラソンに例えると、フルマラソンを走ってきたようなものです。それがあと三五〇メートルほどでゴールと思って、全力を振り絞っている最中に、一緒に走っている仲間から突然、私だけあと五キロ走れと、いわれたわけです。その衝撃であります。

私の気持ちを率直に申し上げますと、しんどい仕事を与えられたと思っていますが、それだけに大学人にとって、もっとも名誉な仕事をいただいたとも思っています。あと五キロメートルを一所懸命走ってみます。

総長のリーダーシップについて

来年四月一日には、法律によって国立大学法人京都大学が置かれ、その法人が京都大学を設置することになり、私はその学長に指名されることになっています。そのとき、法人法の趣旨によって、リーダーシップを発揮するよう求められているわけですが、それに関して、京都大学では、ボトムアップをもとにするリーダーシップを基本としたいと思います。

部局の自治を基本とする京都大学の伝統は変化することなく、またそこには、一〇六年の大学の歴史の中で築かれてきた、大学の学問の自治の重要な基本があると思います。部局長会議での議論をもとに、さまざまのことを考えていく運営方法を大切にしなければならないと考えています。

大学は膨大な数の中小企業や零細企業を抱える団地のようなもので、その全体のお世話をしつつ本部は団地を管理しているのであります。零細であっても中小企業であっても、そこにいる研究者たちは、皆が大物です。確信を持ってその分野の世界一を目指しています。研究成果という産物を世界に出荷し、また学生たちを教育して次の世代の跡継ぎを育て、新しい分野の創設をはかっています。

そんなたくさんの大物を束ねて京都大学という大きな船の舵取りをするのが私の仕事です。よほどうまく舵取りをしないとその船は動きませんが、多少間違ってもなかなか難破しないということも言えます。部局長会議を通して知恵を出し合いつつ、協力して大学の発展をはかっていきたいと思います。

教育について

学生のことを話します。京都大学には二〇〇三年五月の資料で、二万一五三二名の学生がいます。職員の方々にも、最初のあいさつで申し上げましたが、何人の学生の顔と名前を覚えたかということ、学生のことを考えて仕事をしてきたかどうかということをご自分の評価基準にしてほしいと思います。

先週金曜日には、「二一世紀の京都大学はどのように揺れるか」という題で最終講義をしましたが、例えば大地震が起こって大学に被害が出たとき、まず学生を守るという観点をもつことにします。大学にとって何かが欠けたときに、絶対に困るものは何かということです。それは学生です。地震学で、しかも学生部担当であった私が選ばれたのですから、この方針だけは間違いないと思っています。

すでに、防災研究所の林春男先生に、学生の安全を守る方策の検討作業をお願いしました。内閣府の危機管理の専門家とも話して、大学の安全策を考えました。それで確信したことは、緊急の時に何を守るかというのをまず決めるのが、大きな組織にとって最も重要であるということです。

それについて、危機の時には、まず学生を守るということを京都大学の危機管理の基本にしたいと思っています。昨日ですが、今出川通りに面した京都大学の女子寮で、クリスマスパーティーがありました。寮生全員からというご招待状をいただいて、妻と二人で花など持って、参加してきました。ずいぶん話が弾んで、時間がたちましたが、学生たちの輝く目をみていると、本当に教育に力を入れないといけないと、あらためて実感しました。

大学評価について

国立大学法人評価委員会総会の第一回が、平成一五年一〇月三一日（金曜日）の一三時から一五時まで開催されました。その議事録によりますと、野依良治委員長の挨拶に次のような部分があります。

「現在のところ、我が国の大学評価の方法につきましては、まだ十分に確立しているとは言いがたいと思っております。私は、適正な評価は大学人を大いに励ますことになると思っておりますけれども、同時に不適切な評価法は大学システム全体を疲弊させることになることは確実だろうと思っております。このため、この委員会の評価は、大変試行錯誤にならざるを得ないと覚悟しております。常によりいい評価の仕組みを求めて、不断に工夫、改善を重ねていくことが大変重要ではないかと考えております」

数か月後に法人化する時点でも、まだ試行錯誤で評価を行うということ自体は、大きな問題でありますが、それはそれとして、評価は大変重要です。

大学の評価は大学でなければできない面があります。自己評価をきちんとすることができる必要があると思います。そのため大学評価の京都大学方式を確立するための、評価方式の分析と独自の検討を進めたいと思っています。

第一期中期目標と中期計画

同じく国立大学法人評価委員会総会の第一回の議事録によりますと、さらに、委員長のまとめの中で、

「今後、この委員会といたしましては二点大事な点がございまして、どのような考えで具体的に修正を行っていくのか、それから第二点目は、中期目標・中期計画の項目の具体性などについて審議する必要があろうかと思います。また、各事業年度の業務実績に関する評価の方法についても検討していく必要があろうかと思っております」というのがあります。読売新聞の記事では、数値目標を求めるという表現さえありまして、この点に関しては、先行の独立行政法人の例からも、警戒していく必要があると思っております。また、「国会の附帯決議でございますけれども、中期目標の修正につきましては、財政上の理由その他真にやむを得ない場合に限るということが決議されているところでございます。私どもはこの方針を十分踏まえて臨む必要があるということが二点目でございます」とあります。

つまり、財政という点で、修正を求めるということを言っており、あくまでも国の予算支出を抑える方向が見えるわけです。国の根本を支える教育と研究の基礎を揺るがす政府の方針を、よく分析しつつ、市民に問題点を知らせる必要があると思います。

広報について

大学を市民に理解してもらうことが重要です。ガラス張りの大学にするためには、広報組織を整備して、大学というものの中身を市民に見せることが必要です。象牙の塔ではなく、ガラス張りの京都大学を創るということを基本方針にしたいと思います。

市民にわかる言葉で、市民に理解してもらって、はじめて研究の成果が生きてくると思います。

文化を守る

日本を人の体に例えると、大学は脳です。法人化そのものは私立大学も、公立大学も、国立大学も、ともに活性化する機会としてとらえれば、それなりに意味はあるでしょう。活性化するためには、脳である大学に、国はいろいろの方法で栄養を送り込まなければなりません。そうしないといい考えが出てこないのです。しかし、最近の情報が示すように、財務省はその脳への栄養の補給を減らそうとしています。その分を別の場所に回そうとするのです。七〇年代から今まで栄養を補給したので、いい論文がたくさんできています。栄養を送りつづければ、今後二〇年ではノーベル賞が五〇人くらい出るでしょう。しかし、今から交付金を減らしていくと、二〇年後には脳死の状態になって、日本の知能はだめになってしまうと思います。

最もローカルなものこそ、それを徹底的に追求していけば、それは最もグローバルなものになると、私は思っています。京都の文化がその実例です。京都は世界の人が知っています。その優位さを生かして、世界に向かって古都京都の育んできた文化を発信していかなければなりません。そのためには大学コンソーシアム京都などの取り組みにも、より積極的に参加していくことが必要だと思っています。

（二〇〇三年一二月二二日）

2 線虫の微小管——博士学位授与式

今日、新たに、五八〇名の京都大学博士が誕生しました。学位を得られた方々、まことにおめでとうございます。課程博士四八九名、論文博士九一名のみなさんに、また、参列されたご家族に、副学長、各研究科長、教職員とともに、およろこび申し上げます。

みなさんの学位論文が、それぞれに社会に貢献して、関連の分野の研究成果の蓄積となり、学問の進展につながって行くことでしょう。京都大学には、設立以来、一〇〇年を超える大学の歴史の中で、基礎研究の成果が蓄積されています。同時にその蓄積をもとにして、あらたな研究とそれを進めるための人材の養成が行われています。

二〇世紀までの科学や技術の急激な発達に基づく物質文明の進化が、豊かな社会を築くと同時に、人類の歴史に不幸な一面も書き加えてきました。今、私たちは、蓄積した合成物質をいかに資源に戻して再利用するかを考え、壊れた川の環境を自然に戻す方法を考え、木材を長期にわたって活かすための町のデザインを考えています。

今、例えば、生命科学が急速な発展を見せていますが、その発展の向こうに、漠然とした不安を抱いている人も多いと思います。人類の福祉に貢献する方向へ、生命科学を中心とした新しい知の蓄積を生み出すのも、この京都大学の大きな使命であると思います。

本日、博士学位を授与した中で、生命科学の分野と、社会健康医学の分野の博士学位は、京都大学として初めて授与したものであります。

京都大学生命科学研究科が設立されたのは、一九九九年四月でした。研究科長の稲葉カヨ先生は、生命科学研究科の設立と歩みを解説した中で、「二一世紀に入り生命現象を遺伝子・分子・細胞のレベルに加え個体のレベルにおいても実証する生命科学が新しい段階へと進みつつあります。京都大学ではこのような流れを見越して一九九九年に理学、農学、薬学、医学の研究グループを結集して内外の大きな期待の中で我が国において初めての生命科学研究科が発足しました」と述べておられます。

その設立にいささかの関与をした私も、今年の学位論文に関心を持っており、いくつかの審査報告を拝見しました。先端の研究は細分化していて、専門の異なる分野の博士論文は、なかなか理解できないものですが、それでもつい引き込まれて読むものが、かならずあります。その例を紹介します。

小川聡さんの論文題目は「線虫の微小管構築の制御に必要な遺伝子の解析」という論文で、主査は西田栄介教授です。細胞骨格は、細胞の運動や細胞の形成あるいは保持に関わっています。レーザー顕微鏡の像で見ると、核から放射状にのびる繊維が見られ、一つの細胞が小さな宇宙のように見えるのです。微小管は、あらゆる生物に普遍的に存在し、生命現象の制御を担うものです。この論文は、線虫の微小管制御に関わると考えられる遺伝子ファミリーの解析を行ったものです。微小管の性質や構造は、初期発生の過程において劇的に変化し、また、正確に制御されているそうですが、その制御機構は十分に解明されてはいないのです。遺伝子ファミリーが、普遍的に、微小管制御に関与することを示す成果は、きわめて興味深いものであり、細胞生物学、発生生物学など、広い分野への貢献が期待されものであります。

馬場真里さんの論文は「共生窒素固定根粒の老化に関する研究――インゲン根粒菌により形成されたミヤコグサ早期老化根粒をモデルとして」というもので、主査は泉井桂教授です。

マメ科植物は、根粒と呼ばれる特殊な器官に根粒菌を棲まわせ、共生的に窒素固定を行わせる能力を持っています。さらに、通常では、お互いに厳密に定まった相手とのみ共生が成立することが知られています。人類が膨大な化石エネルギーを使って化学合成した窒素肥料を農地に投入しているのに対して、このマメ科植物と根粒菌との共生窒素固定は、クリーンな太陽エネルギーに基づいているという点でも、この研究は非常に重要です。この論文は、インゲン根粒菌によってミヤコグサが根粒を形成するか否かという初歩的な実験を手始めに、根粒老化に関する独自の研究を展開してまとめられました。マメ科植物の根粒老化に関する分子的な解析例は極めて乏しく、この研究の成果はたいへん重要です。

京都大学情報学研究科は、生命科学より一年早く、一九九八年四月に設置され、今日を含めて、すでに一七五人に博士学位を授与しました。二一世紀の高度情報化社会の学術基盤を形成し、人材を養成する使命を担って設置されました。情報という概念は、物質文明の極度に発達した社会で生まれたものであり、コンピュータとネットワークの発達に支えられたものです。人類の知的活動を支える重要な道具として、情報技術が、これからの世界で活用されていかなければなりません。

情報学の分野の学位論文の中に、故上林彌彦教授が主査を務められた二つの論文があります。

その一人、ソムチァイ・チャットウィチェンチァイさんの論文は「XML文書のアクセス制御ポリシーの変換に関する研究」という題目です。XMLは人間にも分かりやすくコンピュータでも扱える文書表現として広く使われています。この論文は、異なる書式のXML文書を利用している組織間の情報交換で生じる問題を解決するために有効なアルゴリズムを提案した点で、学術的価値の高いものであると評価されました。提案されたアルゴリズムは、電子商取引、電子政府、医療分野など、社会情報流通基盤整備にとって不可欠なもので、実用性の上でも有意義なものです。

もう一人の井出明さんの論文題目は、「高度情報化社会における適正な情報の流通について」であります。高度情報化社会の諸問題を、情報流通の法的な側面から考察した論文であり、最近の高度情報化社会の様相の変化を記述するとともに、流通している情報の内容的な適切性と、流通の制御システムの妥当性を考え、情報を受容する権利を、「知る権利」を中心とした人権としてとらえています。すべての情報の価値は同じではないということを、数理モデルによる解析で示し、ある特定のサイトに、突然人気が集中する様子が、マスター方程式を用いたコンピュータシミュレーションによって解析されています。情報学と法学という二つの領域に橋渡しをする境界領域での、独創性の高い研究の成果です。

同じ情報学の分野で、木村玲欧さんの「都市地震災害を事例とした災害過程における被災者行動の解明と被害想定手法の開発」という論文タイトルにも、私はたいへん興味を持ちました。主査は、林春男教授です。従来の防災研究では、外力の理解と被害抑止策に焦点が向いていますが、この研究の成果は、地方自治体の事前対策における避難者数推定や避難所運営計画の検討などに応用できるものであり、行政の災害対応能力の向上につながるものです。

また、本日の午前に行われた修士学位授与式では、今年初めて地球環境学舎の修士学位が授与されましたが、地球環境の課題は、この地球環境学舎だけの課題ではなく、全学的な課題であるといえます。

博士（農学）の学位を得た、コンキャット・キチワタナウォンさんの論文は「タイ国アオウミガメの生態と保護に関する研究」で、主査は田中克教授です。ウミガメ類は現在生息頭数が減少し、すべての種について絶滅が危惧されており、その生態の解明が急がれています。この論文は、東南アジア海域を回遊するアオウミガメの回遊経路と海草群落との関係を解明しました。ウミガメ類はすべて広範囲に回遊するため、多くの国による総合的な保護対策が重要であることを指摘し、研究結果をもとに、回遊経路に沿った国々での共同研究による保護対策を具体的に提案しました。

今、世界は、資源とエネルギーを消費する時代から、生命や情報や環境を考える時代へと変化しています。人口問題とともに食料や水の不足が予測されています。人口の減少を他国に先駆けて経験しようとしている日本で、世界をリードする研究を目指して、博士学位を授与されたみなさんが、さまざまな分野で、情報を正しく活用し、質の高い情報を生産する研究者として活躍されることでしょう。

みなさんはこれから京都大学博士と呼ばれます。この学位はきわめてレベルの高い学位であります。これまで、学位を取得するため、ともすれば専門の分野の中で深く究めることに、みなさんは主眼を置いてきたかもしれません。これからは広い視野を持つことを同時に心がけて研究を続けてください。

人文科学や社会科学の分野からは、自然科学や技術の分野の急激な進展にいつも関心を持ち、自然科学からは社会の動きにも敏感に目を向けるということが必要です。京都大学の自由な学風は、そのようなことのためにも有利であろうと思いますが、その京都大学の長所にも、また短所にも、もう一度目を向けて、後進のためにご意見を下さるようお願いします。

二一世紀を希望あふれる創造の時代として、人と地球が共存できるように、豊かで持続可能な社会の維持に向かって、みなさんが活躍されることを祈ります。本日、博士学位を得たみなさんが、明日からまた新たな挑戦を始められることを期待して、私の式辞といたします。

博士学位、まことにおめでとうございます。

（二〇〇四年三月二三日）

3 法を守るということ——卒業式——

今日、卒業式を迎えられた、二九一三名のみなさん、ご卒業おめでとうございます。先生方に、ご家族の方々に、あるいは友人に祝福されて卒業式を迎えたことと思います。参列していただいた井村裕夫元総長、名誉教授、副学長、学部長の先生方や教職員とともに、みなさんの門出を、心からお祝いしたいと思います。

社会に出て働く方々、あるいは進学して研究者の道を目指す方々、さまざまな進路がみなさんの前にあることでしょう。いずれにしても、四年間あるいはそれ以上の年月を過ごしたこの京都大学が、明日からは、みなさんの母校になります。今日、大学の門を出たとき、少しだけ時間を作って、みなさんが学んだ大学を振り返って見てください。そのときの感慨が、いつまでも記憶に残ることと思います。

卒業した後にも、多くの試練が待っていることと思いますが、そのときには大学で学習したときの先生や先輩や友人との議論を思い出してください。きっとそこからまた新しい展開が得られることと思います。そのときのためには、同窓会に参加し、母校のことを思い出し、後進を温かく見守る卒業生であっていただきたいと思います。将来みなさんが母校を訪れるときのために、この京都大学のキャンパスを、しっかりと維持していきたいと思います。

いうまでもなく、大学は知を蓄積し、発展させていく場所です。みなさんはその大学で得た知を社会で活用していくことになるでしょうが、知だけではその活動がうまくできないという場面に出会うこともあるでしょう。しかし、どんな場合であっても、知だけは忘れないということが大切です。人生には、ときとして予想も出来ない事態が発生したり、社会で激変が起こったりすることもあります。そのような場面に出会ったときにも、みなさんの京都大学での学習や、課外活動の経験が、その威力を発揮することになるはずです。

卒業式にあたり、私が、みなさんに申し上げたいことが三つあります。

第一は、文化を大切にするということであります。

一〇〇年ほど前、京都帝国大学の初めての卒業式は、一九〇〇年（明治三三年）七月一四日に行われました。土木工学の一八名、機械工学の一一名、計二九名の卒業生に対して、文部大臣も列席しておりました。その卒業証書授与式における木下廣次総長の式辞では、「諸般の設備未だ其の半に達せず、学芸の教授に於て不便を感ぜしこと頗る多かりしに係わらず今日茲に第一回の卒業生を出すにいたりしものは実に教官諸君の辛苦経営創立の難業に処して殉々たる誘掖深く其のよろしきを得たるの結果に外ならず」と、労を謝しており、さらに、「本学諸般の経営は之を未来に待つべきもの多しと雖も本学が其の学生を教導するに於て要すべき主旨方針に関しては始めより一定して変することなし」と述べています。このように、大学の経営ということは、今話題になり始めたのではなく、第一回の卒業式から言われているのでありまず。

この四月から法律によって国立大学法人京都大学が設置され、その法人が京都大学を設置することになります。国家財政の危機に際して、大学がなんら関与しないということは、もちろんできません。むしろ大学の蓄えた知を活用して、その危機を乗り越えるために貢献することが必要であります。しかしながら、十分な議論のないまま、急激な変化を強制するような改革は、大学には馴染みません。国が栄えたとき、そこには必ず優れた大学があったと言われるように、大学はその国の文化を支える聖域であります。その聖域を区別しないような改革は、文化を支える大学をだめにしてしまうおそれがあります。

大学は文化を守る役割を持っています。ときの政治がそのことを忘れていても、京都大学は文化を守り伝える役割を果たします。そのためには経費が必要であり、人材を確保していなければなりません。みなさんには、母校を精神的にも、また財政的にも支援する社会人に育ってほしいと願っています。

第二は、人に優しい人であるということです。

人の話を聞くということが大切です。今日ご列席の副学長である、東山紘久先生の著書に、「われわれはしゃべりすぎたという反省はよくしますが、聞きすぎたという反省はほとんどしません」（東山弘子・

東山紘久『プロカウンセラーが読み解く女と男の心模様』創元社）という文が出てきます。これは、情報の発信者と受信者を比べたとき、情報を発信した方が情報をコントロールしているように見えるかもしれませんが、実は受信する方こそ、情報を本当にコントロールしているのだという原理から来る文章であります。人の話をよく聞いて、自分で判断して人に接することが大切です。このことは人に優しいということ、他人を思いやることに通じると思います。

今、日本の社会では、リストラとか、削減とか、効率化というような用語が盛んに聞かれます。いずれも経営者の論理に用いられる用語です。それが日本の国の未来に役に立つように錯覚してしまうほど、マスメディアにも盛んにこれらの用語が登場します。しかし、統計が示すように、先進国の中で、日本は公務員の少ない国であり、国民総生産に比べて教育費の支出が目立って少ない国であります。世界で最も早い時期に人口減少に向かう国と言われる日本では、新しい雇用の創出というような、労働者あるいは市民の側の論理で語られる改革が、今もっとも重要であると思います。京都大学を卒業するみなさんも、どんな場所で、どんな仕事をする場合にも、どうか、かならず市民の側に立って物事を考え、市民の側に立って仕事をする人であってほしいと思います。

人を大切にするということは、平和を愛するということにもつながり、また差別のない社会を作り上げるという考えにもつながります。

京都大学に、民受連（「民族学校出身者の京大への受験資格を求める連絡協議会」）と呼ばれる団体があります。その民受連を中心とする運動によって、日本にある在日外国人の卒業生に大学入学資格が認められました。この運動は、井村裕夫元総長と学生の話し合いがきっかけとなったものであります。そして長尾真前総長のときに、同和人権問題委員会の山崎高哉委員長がとりまとめた報告がもとになって、ようやく広く受験資格が認められることになり、その制度のもとで、合格者を出すことができました。

ちなみに京都大学では、一九四六年（昭和二一年）五月一五日の入学宣誓式における鳥養利三郎総長が、その式辞で、「本年初めて女子学徒を加えたのでありますが、私は女学生諸子の学力、人格に信頼し、何等差別的取扱、特別待遇を考慮しない考えであります」と述べています。女子学生が入学したのも、それほど昔ではなかったことがわかります。

第三は、法を守るということです。

この言葉には二つの意味があります。一つは、法を破らない、法律を最低限の規範として暮らすということですが、もう一つの意味は、優れた法が悪い法へ書き換えられないように、法そのものを守るということであります。

法律にはその国の、ときには大きな犠牲の積み重ねによって生まれた歴史があります。戦争の反省から生まれた日本国憲法や、その延長にある教育基本法のように、失われた内外の尊い市民の命と引き替えに生まれた法があります。その精神を護る人であってほしいと思います。

国際化という言葉がたびたび聞かれます。真の国際化は、異文化の交流によって相互に理解を深め、忍耐強く会話を続けていくことにより、時間をかけて得られるものであります。言葉の上では国際化と言いながら、現実の世界では、強大な力を持つ特定の国の論理で戦争が行われ、それに協力していくことが国際協力と呼ばれる場合があります。地球上のどこかで常に殺戮が行われ、幼い命が失われている現実があります。京都大学で学んだみなさんが、真の国際化を志し、いつまでも真の平和を愛する人であってほしいと、私は切に願うものであります。

また、教育基本法の第一〇条は、「教育は、不当な支配に服することなく、国民全体に対し直接に責任を負って行われるべきものである。教育行政は、この自覚のもとに、教育の目的を遂行するに必要な諸条件の整備確立を目標として行われなければならない」とあります。この精神は、大学の自治を保障するものであり、ときの政権から教育の独立を保障するものです。このような歴史の重みを持つ法を改変しようとする動きには、注意深く目を開いていなければならないと思います。

その他にも、社会に出るみなさんに申し上げたいことは、いろいろありますが、要は、平和を大切にし、地球を大事にし、人を大切にする人であってほしいと思います。法を守り、社会に貢献し、人類の福祉に貢献する人であってほしいということです。また、科学に興味を失わず、学問への志を持ち続け、自らの体と脳とこころの健康に気を配りながら、これからの人生を大切に生きていってほしいと願っています。

芸術に、文学に、人文科学に、社会科学に、自然科学に、人類の文化や文明のあらゆる分野の歴史に、これから新しい内容を加えていくのは、今日ここで京都大学の卒業式を迎えられたみなさんであります。みなさんが、そこに目を見張るようなすばらしい内容の歴史をたっぷりと書き加えてくださることを願って、私の式辞といたします。

ご卒業、おめでとうございます。

（二〇〇四年三月二四日）

4　歴史の白いページに――入学式――

京都大学に入学された、二九八七名のみなさん、入学おめでとうございます。ご列席の元総長、名誉教授、副学長、各研究科長、学部長、教職員とともに、心からお祝い申し上げます。入学するまでに、みなさんはすでにさまざまな道を歩んできたでしょう。今日この式場におられるみなさんの一人一人が、静かにそれぞれの道を心の中でたどっておられることでしょう。また、ご家族の方々も、学習の支援を通して、それぞれの思いをいだいておられることと存じます。長い間の努力が報われた実感を持って、ここに列席しておられることと思います。

みなさんが入学したこの大学の「京都大学」という名がはじめて使われた記録は、一八九一（明治二四）年八月に作られた「京都大学条例」であろうと言われます。そして一九四九年五月三一日に新制の京都大学が設置され、また今年四月一日に国立大学法人京都大学が生まれましたが、その法人は直ちに第三番目の「京都大学」を設置しましたので、この京都大学という名前は変わらないのです。

みなさんは、今日、京都大学の入学式に主役として登場されました。みなさんは、京都大学を受験するにあたって、おそらく京都大学の基本理念を読まれたことと思います。その基本理念に沿って、私は、今日入学式に臨まれたみなさんに、三つのことを話したいと思います。

まず、第一は、学問の自由ということです。京都大学の基本理念の前文には、「創立以来築いてきた自由の学風を継承し、発展させつつ、多元的な課題の解決に挑戦し、地球社会の調和ある共存に貢献するため、自由と調和を基礎に、ここに基本理念を定める」とあります。

一八七二年に『学問のすゝめ』を福澤諭吉が書いて、慶應義塾出版局から刊行されたとき、たちまち版を重ねて二〇万部を突破して、いわゆる海賊版が出回るほどの人気であったといわれます。学問や知識の習得の意義、西洋の学問に迎合せず批判的に本質を学ぶことの意義が述べられました。

学問の自由とは、国民がそれぞれの領域で自由に研究し、知識を学問以外の政治的、宗教的権力や権威による制約をうけることなく表現する権利をいいます。日本国憲法二三条では、「学問の自由は、これを保障する」とされ、さらに教育基本法二条によって教育の基本方針とされているものです。

学問の自由の考え方がしっかりできたのは、一九世紀のフランクフルト憲法「学問およびその教授は自由である」だと言われますが、二〇世紀の西洋でも、学問の自由が侵害される状況がありました。アメリカ合衆国でも、二〇世紀前半に、学問の自由は危機に瀕したことがあります。公立学校で進化論を教えてはならないという州法で教師が有罪とされた事件がありました。さらに第二次世界大戦後にも、教育や研究に従事する人が誓約をもとめられる状況がありました。

日本では、帝国大学令に、大学は国家の必要に応じる学問の研究・教育をする機関だと規定されていました。一九一三年、京都帝国大学で、総長が学内改革を主張した七人の教授を辞職させ、これに反対した教授会が、学部の教授人事に関する自治を確認させた、澤柳事件がありました。京都大学の基本理念、「京都大学は、学問の自由な発展に資するため、教育研究組織の自治を尊重するとともに、全学的な調和をめざす」とありますが、これは、大学の一〇〇年の歴史の中で、多くの貴重な議論の積み重ねから確立してきた尊い内容なのです。

第二は、人権を守るということです。人権は、個人が無条件にもっている社会生活の上での権利で、憲法や法で守られているものです。

京都大学の基本理念には、「京都大学は、環境に配慮し、人権を尊重した運営を行うとともに、社会的な説明責任に応える」とあります。

人権は、人に生まれながらにそなわる固有のものであり、他の者によって侵されてはならないものであります。

みなさんの手元には、『自由で平等な社会をつくるために——人権関係法令等資料集』が配布されています。それには、同和問題をはじめ、障害者問題、女性問題、人権・民族問題などの人権問題に関する理解を深めるため、ぜひ読んでほしい資料が収められています。また、附属図書館などにも、同和・人権問題の文献や資料を備えてあります。ぜひこれらを積極的に利用していただくようお願いします。

国際連合で一九四八年に採択された「世界人権宣言」、一九六六年に採択された国際人権規約、すなわち

「経済的、社会的及び文化的権利に関する国際規約」（通称、A規約）と「市民的及び政治的権利に関する国際規約」（B規約）が人権に関して国際的に定められた代表的な規約です。この国際人権規約を、日本も一九七九年に批准しています。

これらのほか、日本が批准している、難民条約、人種差別撤廃条約、女性差別撤廃条約、子どもの権利条約など、たくさんの条約があります。

これから、大学に学び、世界に向かって活躍を始めるみなさんは、ぜひこれらの人権に関する条約に目を通して、その意味を自ら考えておいていただきたいと思います。そして、一人ひとりの人権を尊重して行動できるよう、理解を深めていってほしいと思います。

第三は、地球と人の共存を生き方の基本とするということです。このことは京都大学の基本理念の前文にある、「多元的な課題の解決に挑戦し、地球社会の調和ある共存に貢献する」ということに関わります。

みなさんはこれから、共通教育科目を選択しますが、ここで専攻外の分野を幅広く学ぶことが大切です。地球の環境に関することは、全学の学生のみなさんにも、一度は触れてほしい分野であります。京都大学には、地球環境に関連してフィールド科学教育研究センターが、二〇〇三年四月に創立されて、新しく活動を開始しました。また、霊長類研究所や地球環境学堂・学舎があります。総合博物館にも、附属図書館にも、また、二〇〇四年四月に衣替えした東南アジア研究所や生存圏研究所にも、地球環境を考える分野があります。それらのどこかで、地球と人の共存する未来を考えてほしいと思います。京都大学でのこれらの研究から京都大学が「人と地球のインターフェイス」と言えるように研究を進めてほしいと思っています。

また、京都大学では、二二件の二一世紀COEプログラムが現在実施されており、その他にもさまざまの重要な研究プロジェクトが、学部を横断して実施されています。その中にも、地球のことを考え、地球と人の共存を考える多くの課題があります。また、課外活動にも、その分野の活動があります。

地球環境に関して、専門分野に進んでいくプロセスを考えてみましょう。例えば生態学の研究です。京都大学には生態学を研究する多くの研究室があり、フィールドがあります。マレーシアのサワラク州には、かつて生態学研究センターにいた故井上民二教授たちが計画した熱帯雨林の研究拠点があります。井上先生が考えた、その、サワラク林冠生物学プログラムが実現した研究フィールドの一部が、総合博物館に展示されています。熱帯林には、地上七〇メートルにも達する、大変発達した林冠構造がありますが、そこに接近する方法がなかったため、熱帯雨林での動物や植物の相互作用の研究ができていませんでした。井上先生たちは、タワーを建設し、樹上に吊り橋を巡らすなどの工夫をして、花を咲かせるさまざまの植物と、その花粉を運ぶ昆虫などの生態を調べることを可能にしたのです。

また、人間・環境学研究科に相関環境学専攻があります。そこに生物環境動態論を担当する加藤真教授がいます。加藤先生は一九八〇年に京都大学農学部農林生物学科を卒業した若い教授です。

加藤先生のウェブサイトの紹介には、キーワードとして、生態系、共生、進化の三つの言葉が並べてあります。これらの言葉の一つひとつ、あるいは、それらの組み合わせが持つ意味を考えてみていただきたいと思います。加藤先生の研究テーマの紹介には、「自然には、生物多様性と生態系機能という二つの重要な側面がありますが、自然の保護、すなわち生物多様性と生態系機能の保全のためには、このような生物の種間関係のネットワークを守るという視点が非常に重要です。森林、草原、湿地、河川、河口、干潟、砂浜、藻場などさまざまな生態系を、そこに見られる生物の種間関係を紐解くことによって理解し、それを守るために役立てたいと考えています」とあります。このような説明を理解するためには、まずこの先生が書いた入門書を読むのがいいと思います。例えば、『日本の渚――失われゆく海辺の自然』という本です。岩波新書にあります。

その次には、加藤先生の論文を探します。例えば、自然科学系の学術誌としてその地位を確立しているネイチャーから、あるいは、専門分野の学術誌グローバル・エンバイロメンタル・リサーチから、加藤先生の論文を検索してみましょう。

その上で、加藤先生の全学共通科目の授業をとります。さらに、専門科目を受講し、大学院修士課程に進み、大学院博士課程に進学して、相関環境学特別研究に従事します。例えば、このような興味の持ち方で、将来の研究テーマを見つけることもできることでしょう。

このようにして、四年後に京都大学学士、六年後に京都大学修士、九年後に京都大学博士という学位が授与されます。長いようですが、一所懸命学習や研究をしていると、あっという間に経ってしまう九年です。

京都大学には一〇七年の歴史があります。その歴史の続きに、何枚書いてもらってもいい、真っ白いページが無限に用意されています。京都大学の歴史に新しいページを書き足すのは、今日のこの入学式に参加された皆さんです。そこにどのような歴史を皆さんが書き足されるかを、私たちはいつも注目しています。無限の可能性を持つみなさんの、これからの活躍を楽しみにして期待しつつ、私の式辞の結びとします。

入学おめでとうございます。

（二〇〇四年四月七日）

5　学ぶということ——大学院入学式——

京都大学大学院に入学した修士課程二二六八名、専門職学位課程二三二名、博士後期課程一〇一三名のみなさん、入学おめでとうございます。ご列席の元総長、名誉教授、副学長、研究科長、学舎長、また京都大学のすべての教職員とともに、心からお喜び申し上げます。

大学院の修士課程では、これまでの学習課程での蓄積の状況に応じて、さらに基礎的な知識を補うための授業を受け、研究のために必要な技術を身につける実習を行うことになります。博士後期課程では、講義を受けることは少なく、研究計画遂行の仕事が中心となるでしょう。それらの成果として論文を書き、学術誌に投稿する、あるいは本にまとめるというような発表のための仕事が続くことでしょう。

専門職学位課程では、高度の専門性を必要とする職業などに従事する人材を育てるために、理論と実務との橋渡しが重要な課題とされており、みなさんは新しい教育課程の中で学習を重ねて、国際的に活躍する人材として巣立っていくことになるでしょう。

京都大学には約三〇〇〇人の教員がいます。また、みなさんの周りには、多くの諸先輩の大学院生がいて、それぞれその専門の分野で先端の研究を行っています。ある場合には、講義という形で、あるときには先生や先輩との議論を通じて、みなさんの研究や学習が進んでいくことになります。また、あるときには自らの注意深い観察によって、先輩からの知識や技術の伝達が行われ、あるときには、孤独な試行錯誤の連続によって、研究に必要な準備や解析が進み、また実務に必要な経験が蓄積していくことでしょう。

研究テーマの設定の問題を考えてみたいと思います。二〇世紀には、「欧米へのキャッチアップ」、つまり欧米に追随する仕方で、日本が科学や技術の発展をとげたことに対する批判がありました。しかし、自分が物事を始めるときに、真似から始めるというのは、見方によっては、人類の持つ才能の基本かもしれません。

明治の改革でも、和魂洋才という言葉で表現される出来事がたくさんありました。また、もっと昔では、和魂漢才と言われ、日本では大陸からの文化や文明の伝達が見られました。中国でも同じような考え方がありました。私自身の分野では、中国の専門家が、一九七五年に世界で初めて大規模地震の予報を成功させたとき、中国での地震予報の方法論の説明に、専群結合、土用結合という標語がよく使われました。これは専門家と市民の知識を融合し、中国の古来の知識と西洋の方法論を融合するという意味でした。

西洋に学んで追いつこうという考えは、江戸時代から明治にかけての日本の自然科学の分野にも盛んに見られました。植物分類学や解剖学や、工学や理学の多くの分野にそのような考えがありました。

二〇〇三年一二月二日の京都新聞に、〈「解体新書」眠っていた、初版本の全五巻、京教大で発見〉という記事が出ました。『解体新書』全五巻が、京都教育大学附属図書館で見つかり、公開されたという記事の内容に私も驚きました。奥付の表記などから、国内では二〇部前後しか残存しない初版本と見られるということでした。国立大学法人化に向けて蔵書を整理していて発見したそうですが、法人化は膨大な仕事を大学に持ち込んで研究の進展を妨げる出来事だと思っていた私は、こんな形で法人化が役に立つとは思ってもみませんでした。

日本最初の本格的洋書翻訳書である『解体新書』は、本文四巻と図版（解体図）一巻からなります。一七七四（安永三）年に刊行されました。それ以来たくさんの蘭学者が育ち、江戸時代後期には蘭学の大きな流れがありました。杉田玄白たちが考えた用語である「軟骨」「神経」「門脈」などが、今でも使われており、後に宇田川玄真や大槻玄沢たちが改訂した「膵臓」などの用語も今でも使われています。

江戸時代、宇田川家三代にわたる業績は、西洋の科学を、広い分野にわたって日本に伝えるというものでありました。多数の翻訳や著書による普及の効果は明治時代になって具体的に現れたと言えます。近代日本の学問の発展を促すもとになりました。

宇田川榕庵は、一八二二（文政五）年に、近代植物学の概要を紹介する『菩多尼訶経《ぼたにか》』を著しました。ボタニカ（botanica）は、植物学という意味です。

私の部屋にこの『菩多尼訶経』の複製があります。静岡県の書家で植物愛好家の福島久幸さんが、写経の心で書写された貴重なものですが、琵琶湖博物館に一組、本学の理学研究科植物学教室と薬学研究科にも、それぞれ一組を寄贈していただきました。

シーボルトは、来日して三年後に、江戸で宇田川榕庵と対面し、彼の語学力と科学知識の豊富さに驚いたといいます。別れるとき榕庵はシーボルトに日本の植物葉をたくさん贈り、シーボルトは植物学の原書と顕微鏡一台を贈りました。早稲田大学図書館所蔵貴重資料の「伝宇田川榕庵使用顕微鏡」というのが、このとき贈られたものではないかと推定されています。

宇田川榕庵は、さらに、一八三七年（天保八年）から没年一八四七年（弘化四年）にかけて、日本で初めての化学書である『舎密開宗《せいみかいそう》』（内篇一八巻、外編三巻）を江戸で刊行しましたが、榕庵が訳した「細胞」「水素」「窒素」「酸素」などの訳語は、今もみなさんがそのまま使っているものであります。

このようにして、学ぶということから近代の日本の学問が進んできました。みなさんの一人ひとりが、やはり同じように学ぶということから学問の道に入っていくことと思います。そして学ぶ中から、自分自身の取り組む道を見つけだしていくことと思います。テーマを設定したら、その分野で今までに得られている研究成果をすべて学んで、そこから未知の世界への入り口を見いだしていただきたいと思います。そして見つけだした道をまっしぐらに進んでください。

職業としての研究者を志すとき、国が示している方針や、世界の動向を見極めているということも必要です。今、日本の国の科学技術基本計画の基本理念には、科学技術創造立国として目指すべき国の姿と総合戦略の理念というのがあります。科学技術を巡る情勢の分析から、二〇世紀の総括として、科学技術の目覚ましい進歩をあげ、二一世紀の展望として、科学技術は社会の持続的発展の牽引車、人類の未来を切り拓く力としています。そして、目指すべき国の姿を、「知の創造と活用により世界に貢献できる国」として描いています。具体的な施策として、例えば、ノーベル賞受賞者を五〇年で三〇人にというような、いささか面喰うようなことも言われました。

その中で、研究開発投資の効果を向上させるための重点的な資源配分、世界水準の優れた成果の出る仕組みの追求と、そのための基盤への投資の拡充、科学技術の成果の社会への還元の徹底、科学技術活動の国際化などが謳われ、国家的・社会的課題に対応した研究開発の重点化として、ライフサイエンス、情報通信、環境、ナノテクノロジー・材料があげられました。先見性と機動性をもって的確に対応という項目には、ナノテクノロジー、バイオインフォマティクス、システム生物学、ナノバイオロジーがあります。

地域における科学技術振興のための環境整備に、知的クラスターの形成があり、京都市と京都大学の桂キャンパスなどを中心とする連携も進んでいます。

科学技術基本計画を実行するに当たっての総合科学技術会議の使命には、資源配分の方針、国家的に重要なプロジェクトの推進、重要施策についての基本的指針の策定などがあります。

このような政府の審議や方策の議論にも、みなさんは研究者として耳を傾け、とくに次の世代の研究を担う人材として、批判的な精神を持って分析し、自分の意見をしっかりと述べていくことが必要です。

基本政策にある、安全・安心な社会の構築は、研究者にとっても重要なテーマです。基本政策にあるとおり、目指すべき安全・安心な社会のイメージを明確にすることが必要です。また研究室での自分自身の実験や解析の場でも、安全をまず基本としなければなりません。国立大学の法人化は、このような安全対策に関して適用される法律も変わるという根本的な変革であり、先輩たちとともに研究の場の安全に細心の注意を払っていただきたいと思います。

また、個人の意識が支える安全、リスクの極小化による安全、安全と自由のトレードオフというような重要なことが指摘されています。それらもよく読んでおくことをすすめます。

自然災害であっても、専門家の持つ知識や情報と、市民の持つ知識と情報とが、共有されていることが大事です。地震や洪水は規模の大きな災害をもたらすこともありますが、その災害の内容を市民が納得できるかどうかが大切なポイントだと、私はある市民から言われて、なるほどと思ったことがあります。

そして、市民に対する説明責任ということも考えてみたいと思います。

科学の世界では真理を探究することを目標としますが、当然ながらデータを得るために道具を使います。その道具は、分野によって大変高額のものである場合があり、経済的に充分な力を持つ国でないと実現できないものがあります。しかも、その支出は国威発揚のためでなく、人類の福祉のためでなければなりません。

例えば、陽子の崩壊を観測するためのスーパーカミオカンデは、二〇〇一年一一月にセンサーが破損して二〇億円ほどの損害となりました。このセンサーをさらに巨大化する構想があり、それには四〇〇億円ほどが必要といわれています。また、ハワイの望遠鏡「すばる」の建設にも、四〇〇億円ほどが必要でした。粒子を衝突させる実験を行う加速器では、東海村の計画で一九〇〇億円です。ヨーロッパ合同原子核研究所の持っている加速器は二〇〇〇億円であります。

これだけの経費の支出で得られる研究成果は、いったいどんなものなのか。科学者は税金を払っている人たちに、それを説明しなければならないのですが、この説明がものすごくむずかしいのが普通です。京都大学でも、社会に向かっていかに正確で詳しい情報を発信するかを考え、実現していかなければならないのです。みなさんの研究でも、どんな分野であっても、その内容をいつも市民に説明しながら遂行するという習慣を身につけていただきたいと思います。

大学院で、みなさんは研究成果をあげるということを、当然の目標として想定するでしょうが、それとともに、自分の視野を広げ、人格を磨き、社会のいろいろな分野でのオピニオンリーダーとして活動ができる人材になることを心がけてほしいと思います。

研究者を志すのとはちがって、高度専門職業人としての道を志す方々もおられますが、いずれにしても、大学院においては新しい課題を見つけて学習し、研究し、結論を得て発表するという経験を積むことになります。どんな課題であっても、勇気を持って失敗をおそれず、思い切り挑戦することを忘れないでください。

京都大学大学院でのみなさんの学習や研究の活動が、みなさん一人ひとりの人生の中で、大きな果実となり、その分野における歴史に残る成果につながることを祈って、また、みなさんが世界を舞台として活躍されることを祈って、私の式辞といたします。

入学おめでとうございます。

（二〇〇四年四月七日）

6 京大ゴミ部——博士学位授与式

本日、京都大学博士の学位を得られた課程博士七八名、論文博士三四名の皆さん、おめでとうございます。ご列席の理事、副学長、各研究科長、教職員、ご家族のみなさまとともに、今日誕生した博士のみなさんの学位取得を心からおよろこび申しあげます。

本日の式辞を準備するにあたって、大学における研究についてよく言われる基礎研究と応用研究、あるいは実学と虚学というようなことについて、また、最近よく聞く、世の中の役に立つ研究ということについて、考えてみたいと思いました。

大学では、幅広い分野の基礎研究が行われ、それをもとに応用の分野が開かれていきます。ところが最近では、実用化の研究が先にあって、あとから基礎研究がついていくというような分野も見られるようになりました。社会の要請があって、それに合わせた開発という過程の中で、仕組みの解明という要請が出てくるのです。環境保護や安全という観点からも、このような仕組みの解明は大変重要であります。このような場合に関連して、ノンリニアな産学連携という言葉が聞かれるようになりました。

もちろん、リニアな産学連携であっても、常にフィードバックしてモデルを手直ししていかなければ良い結果は得られません。また、最初に設定した結果とはまったく違う成果が得られる場合もあります。これは研究の世界では大変重要なことであるのは、みなさんがすでによくご存じのことでしょう。

そのようなことを考えながら、本日の学位授与となった論文の審査報告を読ませて頂きました。その中から、社会に役立つという意味で興味を持ったいくつかを、私の感想を交えて紹介してみたいと思います。

博士（農学）の河田幸視さんの論文は、「自然資源の管理政策に関する研究」で、主査は武部隆教授です。

この論文では、資源経済学の立場から考察し、自然資源は再生可能資源と再生不可能資源に大別できるとして、再生可能資源である自然資源を対象に、同資源の保護ならびに管理の方策を、非消耗的価値にも言及して、理論的、実証的に考察されています。

設定した経済モデルから、例えば、農林業に被害をもたらしている北海道のエゾシカを対象に、その最適な管理政策について考察しました。エゾシカがもたらす林業被害とエゾシカの獣肉としての価値の両者を考慮し、エゾシカの場合には、被害を受ける材木の価値が高いため、最大持続可能生産量に対応する資源量以下に、エゾシカの資源量水準を設定することが適切であるという結論を得ました。捕食者にツーリズムやハンティングのような非消耗的価値を認めるならば、絶滅させることが最適とはならず、捕食者・被食者ともにある水準の資源量を維持することが最適という結論が出てきます。

例えば、最近の読売新聞に、日本の各地の山間部で、ニホンジカが増加し、草や木の食害が広がっていることが紹介されました。それによれば、森林被害は三六都道府県で報告され、その面積は、概数を把握している二三都府県だけで計六六四二ヘクタールに上るということです。この論文が、このような具体的な日本各地の課題に対して、実践的に役に立つものとなるよう、さらに研究の進むことを期待しています。

博士（経済学）の学位を得られた小倉行雄さんの論文は、「現代経営学――構想と展開」というもので、主査は赤岡功教授です。

この論文では、二一世紀型企業の条件として次の五つがあげられました。一、より高い立場で利益追求を位置づけることができる企業。二、ビジョン構築能力を持つ企業。三、時代を貫く独自な強みを持つ企業。四、情報創造により、現場的、実践的に人間能力を活用できる企業。五、社会的使命感が高く、個人を生かした柔軟な働き方を取り入れてゆく企業、の五つです。この論文は、経営学的な観点から、これまで会計学や財務の問題として別個の扱いをしてきた計数的データにかかわる現場的活動を、経営学の問題として正面から扱ったものです。この意味で、本論文の先駆性と現実への応用を志向した実践性は高く評価されます。

この論文においては、利益追求を企業目的達成のための手段ととらえています。これは常識的なとらえ方とは逆のとらえ方であります。今日の利益追求は、社会性と関わるものとしてとらえる必要があり、私的領域のみで完結する活動ではなくなっており、顧客の満足度や感動、サービス、あるいは時間やスピードの追求といった、質的な要素への配慮が大事になっているという分析です。利益確保は迂回的なプロセスを踏み、複合的な方法もとらないと期待できないという結論です。私も大学の経営において、この論文に注目し、たいへん参考にさせて頂きました。

博士（理学）の、弘瀬秀樹さんの論文は「定常強磁場の生体影響に関する細胞生物学的研究――磁場配向、細胞増殖、及び、遺伝子発現に対する作用」というもので、主査は米井脩治教授です。

最近、強磁場発生装置の利用が急激に増加し、磁場の生物に対する影響には社会的にも大きな関心が寄せられています。例えば、医療現場でのＭＲＩの利用、リニアモーターカーの実現などで、人体がテスラ（Ｔ）オーダー（桁）の強い定常磁場に曝露される機会があります。これを調べるために、この研究では、超伝導磁石を用いて、細胞の磁場配向ならびに細胞増殖に対する影響を検討し、細胞の増殖方向を制御することに成功しました。また、定常強磁場の細胞がん化作用を知るために、がん遺伝子の発現に及ぼす影響を検討し、ある遺伝子の発現の増加は磁束密度ではなく磁場勾配に依存するという結果を得ました。これらの結果は磁気力の変化が生物に大きな影響を与える可能性を示唆するもので、磁場の生物に対する影響を細胞や分子のレベルで明らかにする研究を大きく発展されることになるであろうと期待されるものです。

博士（工学）の、浅利美鈴さんは工学研究科環境工学専攻で、「廃木材の循環過程におけるリスク及びその制御策」という論文を提出しました。この論文の主査は、高月紘教授です。

論文は、まず循環資源について、総合的な対策を配慮した、循環と廃棄処理をデザインするための方法論の全体像を描きました。対象とする資源の多様な特性の整理という段階、研究対象の選択と調査範囲の設定という段階を経て、有害化学物質による人の健康へのリスクの評価を行い、回避すべきか否かの判定を行うという方法論です。その事例として、廃木材を対象とした場合の成果をまとめました。化学物質曝露に伴う人の健康へのリスクの解析を行い、例えば、薬剤処理廃木材の一般消費者による再使用は早急に回避策を検討すべきであること、廃木材からの建築部材であるパーティクルボードの製造に関しては、さまざまな薬剤処理廃木材が原料として流入している可能性を明らかにし、そのレベルはすぐさま人への影響が懸念されるものではなく、製造プロセスにおける労働者のリスク管理及び製品の品質管理を含めた製造システムが構築されれば、促進すべき選択肢の一つになることなどを確認しました。このように、フィールド調査や化学物質曝露に伴う人の健康へのリスクの定量化と評価、リスク制御策の開発を行うことにより、実際に提案した手法の有効性を示したものであります。

浅利さんは、京大ゴミ部、京都ごみ祭実行委員長、エコ日めくり、臭うところに我らあり、ごみに市民権を、というような言葉とともに、さまざまな場所に登場した人です。そのような実践とともに仕上げたのが今日の学位となった論文です。直接の関係はありませんが、小さな花を秋に咲かせる掃溜菊という名の植物があります。牧野富太郎が世田谷区の経堂の掃きだめで見つけて命名しました。窒素分の多いごみ捨て場などに生える、熱帯アメリカ原産の帰化植物ですが、浅利さんの論文から私はなんとなくこの花を連想しました。

次に、博士（情報学）の学位を得られた、情報学研究科知能情報学専攻の西口敏司さんの論文「講義アーカイブシステムの構築」を紹介します。主査は美濃導彦教授です。

この論文は、教室で行われる一斉講義において、その場にいない学習者が、教示内容を時間的、空間的な制約なしに獲得できるように、講義における講師と受講者の間のコミュニケーションの過程でやり取りされる情報を、電子的にアーカイブする手法を開発したものです。一斉講義型の対面授業では、講師と受講者の間の双方向かつ断続的なコミュニケーションによって教示内容が伝達されます。アーカイブに際してもこれらの性質を保存する必要があります。講師と受講者の表情や身振りを、話す人の位置を推定しつつ追いかけて記録し、黒板上に書かれる文字や図形を記録します。このようなシステムを長期間に渡って継続的に利用し、システムが有効であったことを示しました。講師や受講者に与える影響も調査していますが、徐々に撮影されていることを気にしなくなるということです。

メールの交換が初めて技術的にできるようになった頃でも、日本では電気通信法で、メッセージの交換をしてはならないと定められていて、これが技術開発の障害になりました。通信の自由化が決まったのは一九八五年で、電電公社という国の機関が通信を管理していたのが、この年に民営化されて、禁止されていた電子メールによるメッセージの交換ができるようになりました。その後、インターネットの発達はめざましいものがありますが、ネットワークを通して大学の講義を広く世界に公開する日が間近に迫っていると私は思っています。

京都大学附属図書館のウェブサイトには、みなさんの博士申請論文の論文題目の一覧が載りますけれども、論文や審査報告の内容もぜひ検索閲覧できるようにして、外部の方たちが早い機会に博士論文の成果を応用できるようなサービスも、大学として用意しなければならないと思っています。

京都大学での研究と教育は、一〇七年の歴史の中で蓄積された基礎研究の知をもとに行われます。今日の博士学位となった論文もまた、みなさん一人ひとりの研究者としての人生の中のマイルストーンとなるとともに、京都大学の知的資源の一部としても蓄積されていくものであります。

京都大学の研究と教育は、実学の世界であれ、虚学の世界であれ、どのような意味であるにしろ、人類の福祉に貢献し、社会に役立つものでなければならないと思います。本日ここにおられるみなさんも、そのことをよく理解されていると思います。これからさまざまな場所で仕事を続けて行かれると思いますが、今後社会に出られても、本学において学ばれた自学自習の精神を活かしながら、さまざまな方法で学問を続けていただきたいと思います。これからの人生でいろいろな悩みや困難にも出会うことがあるでしょうが、みなさんは京都大学で研究成果を得た貴重な経験をもとに、それらを乗り越えて行くことができるでしょう。国際社会の中でのみなさんのご活躍を期待して、私のお祝いの言葉といたします。

新しい京都大学博士のみなさん、本日はおめでとうございます。

（二〇〇四年九月二四日）

7　宇宙と人と地球と

――博士学位授与式――

本日、京都大学博士の学位を得られた課程博士五一四名、論文博士九七名の皆さん、おめでとうございます。ご列席の副学長、各研究科長、教職員、ご家族とともに、今日この日まで研究を続けてこられた、そしてその成果をまとめて見事に京都大学博士になられた皆さんの努力を讃え、心からお祝い申しあげます。今日の学位授与で、京都大学で学位を得られた方の数は、全部で、二万三四五三名になりました。その内訳は、一一六分野で、課程博士累計一一万七六三名、論文博士累計一万一六九〇名であります。その中に、京都大学博士（地球環境学）の初めての五名が含まれています。また、他にも京都帝国大学での旧制博士学位、九六五一名があり、これらを総計すると京都大学の一〇八年の歴史の中で生まれた博士は、三万三一〇四名となります。

今年二月、地球から約一二七億光年の距離にある、生まれて間もない銀河団が発見されたというニュースがありました。ハワイのすばる望遠鏡で観測されたものです。知られている銀河の集団として最も遠く、つまり最も古いという銀河です。宇宙の年齢は一三七億年と言われており、宇宙の誕生から約一〇億年後の姿をとらえたわけです。

基礎研究の分野はさまざまですが、ときどきこのようなニュースが伝わると、世界の人々が注目し、宇宙の時間の流れに思いを馳せています。

この宇宙の時間の流れの中で、今日博士学位を得られた皆さんの学位論文の中から、そのいくつかを紹介してみたいと思います。

理学研究科、物理学・宇宙物理学専攻の高橋労太さんの論文題目は、「重力レンズで探るブラックホール時空とバリオン的ダークマター」です。主査は嶺重慎教授です。

高橋さんは、ブラックホールが光学的に薄い降着流中に存在する場合や、光学的に厚く幾何学的に薄い降着円盤中に存在する場合であっても、ブラックホールのスピンをブラックホールの影から決定することが可能であることを、世界で初めて見いだしました。次に、ブラックホールの影を使って、ブラックホールの電荷も測定できることを示しました。一連の仕事は、超強重力場における物理過程という、天文学の中心課題の一つに大きな指針を与えるものであり、高く評価されるものです。

同じ専攻の植野優さんの論文題目は、「X線で選択した超新星残骸――銀河系宇宙線加速への寄与について」です。主査は小山勝二教授です。

超新星残骸は、銀河系内における宇宙線加速源の最有力候補であるにもかかわらず、知られている二三〇天体のうち、加速の証拠が得られているのは一〇天体程度に限られています。この植野さんの研究で、新たに加速の証拠であるシンクロトンX線を示す超新星残骸の候補が一〇数個発見され、二天体で確実な成果が得られました。この結果は、シンクロトロンX線が期待される超新星残骸は、どのような天体かを明確にしたものであり、今後の研究に道筋をつけたものとして重要であります。

理学研究科、地球惑星科学専攻の小出雅文さんの論文題目は、「暴浪イベント指標としての前浜堆積物中の生痕化石の重要性」です。主査は増田富士雄教授です。

過去の生物の生活の痕跡がよく地層に記録されています。生物の巣穴や食べ歩いた痕が残されるのです。これらを生痕化石といいます。生痕化石は環境の指標として重要視されます。小出さんは、これまで甲殻類のヒメスナホリムシがつくったとされてきた生痕が、多毛類のオフェリアゴカイによって形成されたものであることを明らかにして、不規則に屈曲したものと直線的に平行に配列したものとがあることを見いだしました。現世のゴカイの観察から、屈曲したものは平常時の摂食痕で、直線状のものは暴浪時に陸側に避難したあと平常時の生活場所に戻るときにつくられた生痕であることを明らかにしました。遠い昔のそのような環境までが、この研究によってわかったことに私はあらためて感銘を受けました。

人類の歴史に入りますが、次は文学研究科で審査された論文博士のものです。丹下和彦さんの論文題目は、「悲劇の世紀――前五世紀アテナイ精神史としてのギリシア悲劇――」です。主査は中務哲郎教授です。

ギリシア悲劇は紀元前六世紀後半に興り、五世紀の間に千を数えるほどの作品が生み出されました。ギリシア悲劇は科白の他に歌と踊りが占める割合も大きく、何よりもまず劇場で見て楽しむものであったのですから、見る芸術から精神史を読みとることができるのかという疑念が湧くのですが、丹下さんはこの作業を支えるのにふさわしい指標を見つけだしました。法と自由と叡智が三大悲劇詩人の作品の中でどのように扱われているかを跡づけることにより、悲劇解釈に基づく精神史という構想を成功させたのであります。

次は今の瞬間を取り扱うもので、理学研究科地球惑星科学専攻の佐藤和彦さんの論文です。題目は、「地震の初期過程と複雑さの地震規模依存性」です。主査は、モリ・ジェームス・ジロー教授です。

地震はある点から始まる破壊の成長で起こる現象ですが、佐藤さんの研究の重要な結果の一つは、どのような地震も、始まりの大きさはおよそ同じサイズだということです。マグニチュード三・五からマグニチュード七・九の地震では、最終的な大きさにはそれぞれ数キロから数百キロという差があるのですが、始まりのサイズは一二メートルから九六メートルとあまり違わないという結果が得られました。つまり、中規模ないし大規模地震は同じような破壊過程で始まり、最終的なサイズと始まりのサイズの間に相関関係はないということを、この結果は示しています。地震の始まりのサイズに加えて、申請者は地震の始まりにおける破壊の複雑さについても調べました。どの地震も始まりのサイズはほぼ同じであるという結果と、破壊の複雑さを結びつけて、大規模地震の震源過程を理解する上で重要な結果を得たものであります。

論文博士の山本敏哉さんの論文題目は、「琵琶湖の水位変動とコイ科魚類の初期生態」です。主査は遊磨正秀助教授です。

琵琶湖のヨシ群落におけるコイ科魚類の初期生態を、餌の現存量の変動、ヨシ群落内での底質の分布状況、水位の変動との関係で着目した研究です。水位調整の影響に関する研究成果が、直接に国土交通省の政策の論拠として採択された研究として特筆できるものです。最大水深が一〇〇メートルにもおよぶ琵琶湖での、わずか二〇ないし三〇センチメートルの水位変動が、魚類の個体群維持に大きな影響を与えていることが明らかとなりました。水位の低下調整が強化された一九九二年以降、琵琶湖の多くの魚種で漁獲量の急な減少がみられており、本研究は、他の魚種への研究展開の基礎となる先駆性に富む成果といえるものです。

理学研究科、地球惑星科学専攻の名倉元樹さんの論文題目は、「インド洋における年々変動に伴う海面水温偏差の季節発展とエルニーニョ——南方振動との関係に関する研究」です。主査は淡路敏之教授です。熱帯海洋に見られる顕著な年々変動現象は、全球規模の気候に影響を与えることから、その役割と変動メカニズムの解明が注目され、これまでに様々なアプローチにより調べられてきました。名倉さんの研究は、モンスーンの強い季節シグナルを背景場としたインド洋の年々変動の特殊な条件に着目して、インド洋の海上風偏差に影響を与える物理過程を研究したものです。

海洋研究開発機構（ＪＡＭＳＴＥＣ）は、世界で最も高速のスーパーコンピュータを持っています。それは「地球シミュレータ」と呼ばれ、一秒間に四〇兆回という計算速度を持つスーパーコンピュータです。この地球シミュレータを使って大気循環のシミュレーションが行われ、現在の炭酸ガス排出量の増加がつづくと、ある程度まで増加したとき、不可逆過程に入って気温の上昇は止められなくなってしまうという結果が出ています。このシミュレータは私たちの社会の未来を設計し制御できる可能性を示しています。

また、ＪＡＭＳＴＥＣは地球深部探査船「ちきゅう」をほぼ完成してテストを行っています。これによって私たちは初めて海底から七〇〇〇メートルの深さまで掘削できるようになり、例えば三〇〇万年の間の地球環境変動を分析し、さらにさかのぼって生命の起源を知る資料を得る期待もあります。このような分野にも、京都大学で学位を得た多くの研究者たちが参加して活躍しており、また学位論文の成果が応用されています。

今日は、基礎研究の分野に焦点を当ててみましたが、基礎研究を元にして、科学技術は市民の夢を具体的な形で育ててきました。一九〇一年の初頭に報知新聞に掲載された「二十世紀の豫言」の中には、技術の進歩に関して、未来をかなりうまく予想したものがたくさんあります。予想は電信電話に始まり、東京にいてロンドンやニューヨークの友人と自由に対話できると書いてあります。この夢は十分に実現しました。夢の中には七日間世界一周や鉄道の速度もあり、自動車の夢も一〇〇パーセント達成されたといえるでしょう。

今世紀、真の科学技術立国へ向かうためには、科学と技術を自分の関心で考える市民を育て、その参加のもとに次の世代を育てる必要があります。大学がその役割を果たすためには、大学の中身を市民によく理解してもらうことが重要です。大学で行っている研究とそれによる知の蓄積をもとにした教育は、どの分野をとっても実に面白いものです。この学問の面白さを多くの人々に伝えて、その中から学問に熱中する研究者を育てることが京都大学の重要な役割の一つでもあり、私は、それを、本日新しく京都大学博士となったみなさんにも期待するのであります。

今日までに身につけた知識と、研究を進める能力を発揮して、みなさんがさらなる活躍をされるよう願って、博士学位の祝辞といたします。

おめでとうございます。

（二〇〇五年三月二三日）

8　原子爆弾の投下から六〇年 ――博士学位授与式――

本日、京都大学博士の学位を得られた一二七名の方々、まことにおめでとうございます。課程博士九八名、論文博士二九名の方々に学位を授与させていただきました。ご列席の副学長、各研究科長とともに、心からおよろこび申し上げます。

みなさんの博士学位は、みなさんの活躍される舞台の幕開けとなるとともに、京都大学の知的財産の蓄積に新しいページを加え、やがては世界の人類の福祉に貢献するものとなります。私は、そのような気持ちでみなさんの学位審査の報告書を読ませていただきました。

今年は、太平洋戦争の終戦から六〇年であり、日本の広島市と長崎市にアメリカ合衆国軍が原子爆弾を投下してから、六〇年の年でもあります。京都大学では、原爆投下の直後から、その調査を行ってきました。また直後から被爆者の治療にあたっておりました。

枕崎台風は、終戦直後の一九四五年九月一七日、鹿児島県枕崎市付近に上陸した大型で非常に強い台風でした。西日本、特に広島を中心に、三七〇〇余名の死者と行方不明者を出す被害がありました。京都大学の調査班が拠点としていた大野を土石流が直撃して、大野の病院にいた被爆者、病院職員、京都大学の調査班、計一五六名が亡くなりました。

京都大学医学部の卒業生が集う芝蘭会広島支部と京都大学は、一九九三年九月一日に、『京都大学原子爆弾災害綜合研究調査班遭難、「記念碑建立・慰霊の集い」のあゆみ』を出版しました。その中に、調査団員だった故木村毅一先生の手記があります。その手記によると、「物理学教室の若い研究者五名を引率して九月一六日、すでに京大医学部の調査隊一〇数名の滞在する大野浦陸軍病院に着いた」とあります。そして「海を隔てて対岸には宮島が手にとるように見え、背後には急峻な山がせまり、その山肌には巨大なかこう岩が露呈し、山すそ一帯はそれの風化した白い砂地で松の緑がいっそう鮮やかに見える」と述べられています。また、これに収録された「関連記録」にある荒勝文策先生の報告によりますと、物理学教室の調査団は八月九日に出発し、八月一〇日の正午、広島市に到着して観察は夜半に及んだとあります。同じく一〇日から医学部の杉山繁輝教授らの調査も行われました。杉山教授らは被爆者の屍体解剖を行いました。また、京都帝国大学医学部原子爆弾災害調査班（臨床部）の報告によりますと、九月五日には大野浦陸軍病院で被爆患者の診療が開始され、調査研究が行われたということです。

柳田邦男さんの『空白の天気図』という本が、新潮社から出版されたのは一九七五年でした。それには、太平洋戦争終戦前後の広島気象台の仕事を中心に、枕崎台風の被害が詳しく描かれています。枕崎台風の災害に巻き込まれて遭難した多くの人々の中に、この京都大学の調査班の方々も含まれておりました。私はこの『空白の天気図』を読んで、自分の専門である地震のデータに関しても調べてみたことがあります。

やはり太平洋戦争とともに日本列島の南部地域の地震検知能力がどんどん落ちていった状況がよくわかりました。

今年の九月一七日、私は広島県の大野町を訪問しました。この日は、六〇年前、京都大学原爆災害総合研究調査班が枕崎台風による土石流に襲われ、一一名の犠牲者を出した日であります。大野町の慰霊碑の前に、ご遺族の方々、調査団員、そのご関係者、大野町長と地元大野町の方々、廿日市市長、京都大学名誉教授、卒業生、教職員など、多くの方々が集まって、慰霊の会が開催されました。私も、京都大学を代表して献花をさせていただきました。

慰霊碑のある広場は、大野町のご努力で公園として整備されました。その広場のあちこちに大きな花崗岩の転石があります。これらの岩塊が背後の山の上から、すさまじい勢いで流下してきたのです。黙祷を捧げて顔を上げると、目の前の広場に蝶が舞い、トンボが飛び、法師蝉の声が聞こえました。また、慰霊碑の側にはいつも千羽鶴が飾ってあり、野の花が活けてあると聞きました。慰霊碑の側には、大きな樟が立っています。この樹は京都から運ばれた苗が植えられて、地元の方々が大切に今日まで育ててくださった樹であると聞いております。樟は、広島市の木でもあり、平和記念公園の原爆ドームも大きな樟が取り巻いています。もちろん、みなさんがご存じのように、樟は京都大学のロゴにもなっております。

この樟に象徴されるように、大野市の慰霊碑は、学問と、平和と、自然災害の軽減とをテーマにして、社会と大学の連携の大切さを、私たちに伝えています。京都大学の基本理念には、地球社会の調和ある共存が謳われています。人と人が、国と国が、民族と民族が争いをすることのない世界を実現し、人の暮らし方を工夫して自然災害を軽減する努力をするというのも、京都大学の目標であります。みなさんの学位申請論文の審査報告を読みながら、京都大学大学院で、それらに貢献する多くの優れた研究成果が得られていることを感じ取ることができました。

原爆被害調査の報告が戦後の研究者たちによってたくさん残されています。これらの報告には、たいへん広い学問分野に関わる内容が含まれており、皆さんの研究分野もどこかで関連すると思います。博士学位を得られた機会に、また戦後六〇年を迎えた機会に、このような二度とあってはならない原爆投下による悲惨な出来事の報告に、みなさんも図書館や資料館で触れてみてはいかがでしょうか。

柳田邦男さんは、今年九月一六日に大野町の慰霊碑を訪れたと聞きました。その柳田邦男さんの最近の出版に、新潮文庫の『言葉の力、生きる力』という本があります。その本の中では、新しい文明の理念が論じられ、新しい医療の考え方などが、さまざまの面から論じられています。

この二一世紀は、さまざまの分野で、多様性の時代と言われます。健康や医療や教育や、人に関わることでも、それらが一つずつの分野の学問として語られるだけではなく、一人ひとりの個人に関わって語られることが大切だと思います。そのようなことを心にとめてこの本を読むと、人の生き方と医療の仕事に従事する専門家の仕事のあり方を考えることができます。

今日の博士学位の申請論文の中にも、人の生き方に関わる研究をまとめたものがみられました。いくつかの例をあげてみたいと思います。

人間・環境学研究科人間・環境学専攻の石野秀明さんの学位論文は「保育の場での関与的観察に基づく自己の探求――ライフサイクルの二重性と発達」で、主査は鯨岡峻教授です。申請者は、保育園における保育実践に深く入り込み、六年間にわたって関与的観察を継続しながら、乳児の存在と自己のありようを詳細に描き出したと、審査報告にあります。この関与的観察と従来よく知られている客観主義的観察との違いが私には興味がありましたが、この論文の中で、幼児のひとりだちと、自らの研究者としてのひとりだちを重ね合わせて「個人のライフサイクル」と「世代間のライフサイクル」との関連を論じるという構想が、さらに将来の発展を伴う課題として興味深いものでした。

工学研究科環境地球工学専攻の山口健太郎さんの学位論文は「高齢者居住施設における重度要介護高齢者の離床環境計画に関する研究」で、主査は高田光雄教授です。重度要介護高齢者の離床を可能とする環境要件に着目して、高齢者居住施設における実体調査を行い、問題点と課題を整理し、問題を解決するための物理的環境、ケア環境のあり方を検討してまとめた論文です。

もう一つ、同じ専攻の絹川麻里さんの学位論文がありました。題目は「認知症高齢者の外出行動からみた「地域」の屋外居住環境に関する研究」で、主査は同じく高田光雄教授です。在宅や施設の認知症高齢者を対象としての調査や行動の観察から課題を整理し、外出行動や屋外の空間に滞留する特性を明らかにして、それらがケア環境としての意味を持つことからその設定を提案するものです。このような研究が、一方で心の課題と連携したとき、将来大きく発展すると期待されるものであると思いながら読ませていただきました。

文学研究科に論文を提出された佐藤昭裕さんの学位論文題目は「中世スラブ語研究――『過ぎし年月の物語』の言語と古教会スラブ語」で、主査は庄垣内正弘教授です。この論文は、スラブ世界での文章語成立の歴史を背景に、『過ぎし年月の物語』の言語の総合的研究を目指すものであると審査報告にありますが、私は、この中で「死」を表す言葉が詳しく論じられているのに、たいへん興味を持ちました。自然死の場合、尋常でない死に方、戦闘での死、災害や水害での死、殺されたときの死、あるいは人物に対する敬意が示されるかどうかの違い、それらの年代との関わりなど、たいへん興味深いものでした。

また、医学研究科に論文を提出された仁科健さんの学位論文題目は「虚血性心筋症に対する左室形成術に関する研究」で、主査は和田洋巳教授です。虚血性疾患を含めて慢性心不全の外科的治療法として、左室壁を切開して左室を縮小させる左室形成術は、心機能の改善をはかる手術ですが、有効性を示すための科学的データが十分ではない、と審査報告にあります。この論文は、条件を満たす動物モデルの開発とそれによる研究が中心テーマで、その成果に学位が授与されたものであります。

このように、さまざまの角度、あらゆる視点から、人が生きるということに関連して研究が行われ、本日のみなさんの博士学位論文の中からだけでも、実に多様な研究が行われていることがわかります。これらの研究成果が縦横に織り込まれて、お互いに知るところとなり、人の生き方が総合的にとらえられて、はじめて京都大学の総合大学としての機能が発揮できると思います。また、それらが情報ネットワークの発達とともに、さらに教育のシステムの中で最大限に生かされて、大学の社会貢献が実現することになります。

例えば、情報学研究科に提出された村上輝康さんの学位論文題目は「ユビキタスパラダイムにみる情報技術パラダイム伝播過程の研究」で、主査は石田亨教授です。この論文では、デジタル社会センサー分析という分析手法を用いてパラダイム伝播の有無を判別して、ユビキタスパラダイムの伝播と途絶を論じているものです。

また、情報学研究科知能情報学専攻の村上正行さんの学位論文題目は「遠隔教育特有の授業デザイン及びシステムの評価研究」で、主査は美濃導彦教授です。この研究では、京都大学と慶應義塾大学の間での授業、合同合宿、ウェブ掲示板という三つの学習環境を準備して、あるいは日米の大学生を対象として遠隔一斉講義であるＴＩＤＥプロジェクトで、授業デザインとシステムの両面から相互関係を考慮して評価し、遠隔講義特有の特長をまとめたものです。

いくつかの学位論文題目を紹介させていただきましたが、それぞれの重要な研究成果は、みなさんの長い時間と知恵と学習と努力の集大成であり、簡単に数行で書けるものではありません。しかし、みなさんの研究成果を一般の市民や、みなさんに続く高校生や中学生や小学生に理解してもらうことも、また重要なことであります。みなさんもご自身で、新しくわかったことを周りの人たちに語ってください。そして、学問を広めるという使命を自覚していただきたいと思います。研究や学習は、今までは主に自らのためであったと思いますが、京都大学博士となった今、みなさんの研究と学習は世界の人類に貢献するものであると、ここであらためて認識していただきたいのであります。

みなさんがいつまでも健康で、ますます研究に励み、それによって世界を舞台に活躍してくださることを祈って、博士学位授与式の式辞といたします。

本日は、まことに、おめでとうございます。

（二〇〇五年九月二五日）

9　医療に従事する人びと
——医療技術短期大学部卒業式・修了式——

今日、京都大学医療技術短期大学部を卒業される、看護学科八五名、衛生技術学科三五名、理学療法学科一八名、作業療法学科二二名、合計一六〇名のみなさん、および専攻科助産学特別専攻を修了される二〇名のみなさん、おめでとうございます。ご来賓の方々、ご列席の教職員とともに、またご列席のご家族とともに、心からお祝い申し上げます。

みなさんを加えて、短期大学部の卒業生は累計三九九〇名、専攻科修了生が累計五九八名になりましたが、今年は特別の意味があると思います。それは短期大学部の卒業式は今日で一つの区切りとなるからです。みなさんの築いてきた伝統は、今、医学部保健学科に引き継がれていて、すでにみなさんの後輩たちがそこで学習に励んでいます。

京都大学の歴史にはさまざまの前史がありますが、大学としての歴史は一八九七年、明治三〇年から始まります。理工科大学が開設され、ついで二年後、一八九九年七月に法科大学と医科大学が開設されました。その医科大学が今の京都大学医学研究科と医学部の前身であります。その年の一二月には医科大学附属医院と看護婦養成所が開設されました。

京都大学の生まれたその年、一八九七年の四月一日には、法律三六号である「伝染病予防法」が制定されました。日本で初めて、公衆衛生の考えが法律に書かれたのですが、これは北里柴三郎の研究成果などが実を結んだものであり、「第一条　此ノ法律ニ於テ伝染病ト称スルハ「コレラ」、赤痢（疫痢ヲ含ム）、腸「チフス」、「パラチフス」、痘瘡、発疹「チフス」、猩紅熱、「ヂフテリア」、流行性脳脊髄膜炎、「ペスト」及日本脳炎ヲ謂フ」に始まるこの法律は、一九九八年一〇月二日に廃止されるまで、日本の公衆衛生の基本の一つでありました。

このように、一〇〇年以上前、すでに日本の医学のレベルは高く、現在の医療の水準も世界のトップレベルに位置づけることができると言えるでしょう。北里柴三郎は一九〇一年の第一回ノーベル賞の候補者でした。また、京都大学が学位を授与した野口英世もノーベル賞の候補者でありました。みなさんはそのような歴史を持つ日本の医療技術の分野に、あるいはそのような歴史豊かなキャンパスに学んだ経歴に誇りを持って、社会に出ていってほしいと思います。

医療技術短期大学部の学生たちは京都大学の中で最もよく学内で学習していると思います。京都大学生協が実施した第四一回学生生活実態調査の報告から、それを数字の上で見てみると、例えば時間帯別の学内に滞在している率で見て、文系の学生が九時で二八・三パーセント、一〇時で七三・三パーセント、ピークの一四時で八五・〇パーセントであるのに比べて、医療技術短期大学部では、九時八八・九パーセント、一〇時九四・四パーセント、一四時までずっと九四・四パーセントのままでした。また、文系の学生の一九時が一一・七パーセントであるのに比べて、医療技術短期大学部では〇パーセントになっています。そのちがいを、私は大変興味深く見ましたが、これが最もよく学習していると思った根拠であります。それはカリキュラムに従って授業に出席したという意味での評価です。これからも日々の学習が続きますが、今度はカリキュラムに従うのではなく、自ら定めた目標で自主的に学習することが大切です。ある期間の到達目標を自分で定めておいて、それを果たすように学習を計画的に続けてほしいと思います。

日本でも、チーム医療の重要性が認識され、医療従事者が連携して患者中心の医療を実現し、市民の健康を守っていく健康科学の重要性が認識されています。また、身体のことだけでなく、心と体の一体としての健康を考える、あるいは医療を考えることも、二一世紀の重要な課題であります。みなさんは、学習して得た知識と経験を総動員して、さらに研鑽に励みながら、これらの健康と医療の現場に出ていこうとしておられます。

第三期科学技術基本計画が策定されますが、そこでも安全で安心な社会を実現することが大きな柱の一つとされています。みなさんの参加するチーム医療は、まさに安心な医療、安全な医療、良質の医療を、患者のために提供するための重要な場面になると思います。

チーム医療の中で医療技術者も大きな役割を演じます。医療が高度化し、また多様化している中で、あるいは医学の研究が先端を行く中で、高度な医療機器などのシステムを導入して操作するなどの技術も必要です。

私は自分が患者の一人として、ＭＲＩ、三次元ＣＴ、ヘリカルＣＴなどの装置にも興味を持ち、実際に体験もします。これらの機器は、専門の技師であっても一人で担当することはほとんど不可能になりつつあり、病院でも常に研修を進めています。みなさんも、卒業して後、急速に進む技術に敏感であり、常に最先端の技術を習得するよう心がけていただきたいと思います。

厚生労働省が所管する国家試験の表を見ただけでも、保健師、助産師、看護師、診療放射線技師、臨床検査技師、理学療法士、作業療法士、視能訓練士、臨床工学技士、義肢装具士、歯科衛生士、救急救命士、管理栄養士、薬剤師、医師、歯科医師というように、実に多くの分野が、医療の仕事に関連して存在することが分かります。これらのうちの多くの分野に、これからみなさんが活躍する場があるのです。

医師や歯科医師以外の医療従事者は、もともと、手伝うという意味のパラ・メディカル・スタッフと言われてきましたが、最近では、協力関係を意味するコ・メディカル・スタッフというように変わるべきというのは、みなさんも学習してこられたことでしょう。最近では、言語治療士や医療ソーシャルワーカーなども加えられる場合が出てきました。医学が進歩し、医療機関が大規模になって、医療従事者の職種の分化が進んだ結果、大病院では五〇もの職種の人たちが医療に従事する場合があります。

今日、卒業式を迎えた皆さんはこれからさまざまの道を進んで行かれますが、いずれの道を選ぶにしても、みなさんの仕事は人の命と健康を守る仕事であります。そこではどんな場合にも失敗することは許されません。今年の冬季オリンピックでは、選手たちが高度な技に挑戦する姿を私たちも緊張してテレビの画面で見ておりました。そこではたとえ転倒してもさらに挑戦する姿に感動するのです。みなさんも人が感動するような仕事をぜひしてほしいと思いますが、その時の感動は、練習に練習を重ねた技術で一歩一歩、確実に進めていく仕事、どんな場合でも失敗しない仕事からの感動でなければなりません。医療では挑戦して失敗することは決して許されないのであります。

また、単に医療技術だけでなく、医療制度の変革についても関心を持っていてほしいと思います。市民の健康の維持と増進を図り、医療、保健、福祉の向上に努める責任を国は持っていますが、財政を重視する改革が行われると、必ずしも市民の福祉に貢献する方向ではない改革が行われる可能性があります。改革のあるべき方向についても、医療従事者として、患者や市民の立場に立った意見を持つように心がけてほしいと思います。

例えば、アメリカ合衆国で医療保険に加入していない人は一七パーセントにのぼると言われます。このように制度から排除される人が増えるという仕組みを日本に誘導してはいけないと思います。財政優先の競争社会の考えが強く影響している日本で、医療の制度をどのようにすればよいかというような課題も、卒業を機会に考えてみてほしいと思います。

これから、仕事が調子よく進んだときにも、あるいは仕事に行き詰まったときにも、どんなときにでも、母校を思い出して訪問し、恩師に声をかけてください。京都大学と医学部保健学科がみなさんの母校だと思って訪ねてきてほしいと思います。

みなさんが、意欲に満ちた専門職として、医療の現場で活躍されることを、また社会のいろいろな場所で活躍されることを祈って、私のお祝いの言葉といたします。

ご卒業おめでとうございます。

（二〇〇六年三月一七日）

10 母国語ともう一つの言語を——学部入学式——

今年、総合人間学部一二五名、文学部二三一名、教育学部七一名、法学部三四四名、経済学部二六八名、理学部三一二名、医学部医学科一〇四名、医学部保健学科一七七名、薬学部八八名、工学部九九三名、農学部三一三名、計三〇二六名の方々を、この京都大学の学部に迎えることができました。入学おめでとうございます。ご列席の西島安則元総長、長尾真前総長、名誉教授、副学長、各学部長、部局長、教職員とともに、心からお祝い申し上げます。

今年の入試センター試験が行われたとき、新聞記事の見出しに「ゆとり教育一期生が初挑戦」というような表現がありました。皆さんの中にその「ゆとり教育一期生」がおられます。二〇〇三年に導入された総合的な学習時間を柱にした新指導要領による学習課程で、高等学校の数学では、積分の計算など約五パーセントが減らされました。学力が落ちたとまで心配する声がありますが、正しく理解して得た知識から新しいものを創造する力が、すなわち学力ですから、大学で知識に触れて皆さんが発展する可能性は無限です。

この京都大学は学問を志す皆さんを受け入れて、皆さんの学習を支える場を提供します。この大学に入学した皆さんは、さまざまの工夫をしながら、自学自習で大学での学習に備えていただきたいと思います。入学試験においても、京都大学では今後ともさまざまの工夫をしなければならないと思います。例えば、出題範囲とする科目や単元全体を見渡して基礎学力の評価を行うことが必要でしょう。今までに皆さんが学習した科目と科目の間の関係も重要です。例えば、高い国語力が深い数学的思考を支えるという観点から学力を身につけて行くことが必要だと思います。

また、今日の入学を祝うご家族の皆さまは、今日の入学式を、京都大学の学生となったご本人が、自らの考えに基づいて行動する人となって成長し、自立した人生に一歩を踏み出す記念の日と位置づけて、その生き方を静かに見守ることをおすすめします。学生の皆さんには、一人の人として自立することが、国際社会で活躍する人材となるために、まず心がけなければならないことだという認識を持ってほしいと思います。大学で学ぶということは、育ててもらった親に感謝の心を忘れず、しかもその親を超えて、また教えを請う師を超えて自律的に成長することにより、国際社会に通用する有能な人材となるということであります。早く自立することのできた人が、二一世紀の国際社会で高い評価を得ることができ、活躍する場所を与えられるのであります。

皆さんにとって、京都大学は学問をするところです。大学で勉強をすることは実に楽しいことです。今まで知らなかったことを学び、今まで出会わなかったことを体験することほど楽しいことはありません。若きアレクサンドロスが、「もっと易しく学習をすることができないのか」と文句を言ったとき、アレクサンドロスの師アリストテレスが言った短い言葉が知られています。それは、「学問に王道なし」という言葉です。この言葉で諭したアリストテレスは優れた師でありますが、この一言で悟ったアレクサンドロスこそ、私は実にみごとな学徒であったと思っています。

このアリストテレスがマケドニア王フィリッポスに招かれて、王子アレクサンドロスの家庭教師となったのは、紀元前三四二年のことです。そして七年間をすごしました。アレクサンドロスが王位継承した後に、紀元前三三五年に、アリストテレスはアテナイの郊外にリュケイオンを開設して書物を集めました。これは図書館の先駆的モデルともなったものであります。皆さんが京都大学に入学した今日から、実に二三四〇年ほど前のことです。この京都大学の創立は一八九七年六月一八日、まだその歴史は一〇九年ですが、それでもたいへん充実した教育と研究と医療を行っており、学問に励もうとする皆さんの期待に十分応える用意をしています。

京都は日本でもとりわけ長い豊かな歴史に裏付けられた文化を育ててきました。それにも触れていただきたいと思いますが、一方、学生の間にできるだけ、京都から外へ出ていくことをすすめます。日本列島の中で旅をするのもよし、外国に留学するのも良いと思います。そのためにはまず言語の学習をしてほしいと思います。入学試験の問題にあった言語、つまり日本語と英語などにはかなりの知識を持っておられるでしょうが、それをさらに磨いて、いろいろの国の人と話をしてほしいと思います。自国の文化を学び、それを外国の人に外国語で紹介し、他国の文化を学んで帰るということをたくさん経験してほしいと思います。

外国に出かけて、現地の自然・政治・経済・文化・歴史などを学ぶことを目的として、国際交流科目が用意されています。昨年のタイの各地を訪れた参加者のレポートには、先生の姿から現場に身を置いて研究したいと思ったとか、フィールドに肌で触れてフィールドワークの感性を学んだというように感銘を受けた報告が見られます。今年もベトナムの奥地で環境問題を考え、韓国を訪れ、上海の復旦大学を拠点に今の中国を学ぶというようなプログラムが用意される予定です。

後期日程試験を受けて入学式に参加している皆さんは、英語の試験問題を覚えておられることでしょう。その第一問にもあったように、英語は国際語としてこれからもしばらくは使われることでしょう。英語を話す四人のうち三人は英語を母国語としない人であると、試験の問題にありましたが、皆さんはぜひ、それぞれの母国語をまず大切にして、母国語による表現の技術をしっかり磨き、さらに国際語としての英語と、最低もう一か国語は学習するようにしてほしいと思います。それが皆さんの卒業を待っている企業や学界など、さまざまの進路で要求される言語力であります。

大学に入学して間もない時期は、無限の可能性と豊かな時間を持っているというのが、人生の先輩たちの言っていることです。幅広く奥の深い教養を身につけるのは、専門の研究が軌道に乗ってからでいいと考えていても、仕事を始めるととても忙しくて、そのような時間は取れません。スポーツで体を鍛えるのも、さまざまの文化活動の奥を極めるのも、入学した今が皆さんのチャンスです。十分な時間を持っているという若者の特権を活かして、教養を積む学習に、専門基礎科目の学習に、スポーツ、芸術、文学に全力投球してください。その上で、これだけは誰にも負けないという人になる、そういう道を見つけて卒業してほしいと思います。京都大学の中に、そういう道を見つけて究める仕組みがあります。それを自ら見つけ出して活用してほしいと思います。

四月四日から今日まで、時計台の周辺では課外活動に励む先輩たちによって紅萠祭が開催されています。京都大学体育会では、多くの種類のスポーツが行われており、例えば伝統の国立七大学体育大会では、歴史に残る連勝の記録を持っています。七大学体育大会の今年の主管大学は大阪大学ですから、近くで参加しやすい状況です。さらに来年は京都大学が主管となる可能性が高く、ますます参加しやすい絶好の機会となるでしょう。東京大学は京都大学より二〇年長い歴史を持つ先輩ですが、その小宮山宏総長は、学生時代にアメリカンフットボールで鍛えた逞しい心身で、大学運営においても強力なリーダーシップを発揮しておられ、私はいつもそれを尊敬して拝見し学んでいます。スポーツで鍛えた心身は生涯の財産になりますが、それにも増して、広い分野に友人を持ち、広い視野で物事を議論しながら、課外活動を通じて得た友人は一生の財産になります。

京都大学に入学した皆さんに、吉田キャンパスの中や、その周辺を歩きながらしっかりと観察して廻ることをおすすめします。北部構内には、グラウンドのすぐ南にある基礎物理学研究所の前に、湯川秀樹博士の胸像があります。一九四九年に日本で初めてノーベル賞を受賞した湯川秀樹博士は一九〇七年の生まれ、一九六五年にノーベル賞を受けた朝永振一郎博士は一九〇六年生まれで、今年から来年はお二人の生誕一〇〇年を記念する年です。お二人は物理学に貢献するだけでなく、パグウォッシュ会議に参加し、第一回科学者京都会議を開催して平和運動を推進しました。物理学の功績とともに、平和運動への貢献をたたえることも生誕一〇〇年を記念して大切にしたいと思っています。日本のノーベル賞受賞の第一号と第二号の両博士を輩出したのは、京都大学の誇りとするところです。この二〇〇六年度を「湯川・朝永生誕百年の記念年度」として、両博士を顕彰すると共に、その事蹟を広く国民に知ってもらうためのいろいろな記念事業を行うことにしています。皆さんもそのために何ができるか、考えて活動に参加していただきたいと思います。

今日入学式を迎えた皆さんの、これからの京都大学での学習と生活の充実を願って、何よりも心身の健康に心がけていただくように願って、私のお祝いの言葉といたします。

京都大学入学おめでとうございます。

（二〇〇六年四月七日）

11 フィールドワークの現場——大学院入学式——

京都大学大学院に入学した修士課程二二一九名、専門職学位課程三四四名、博士（後期）課程九七四名の皆さん、入学おめでとうございます。ご列席の長尾真前総長、名誉教授、副学長、部局長、教職員とともに、お慶び申し上げます。

皆さんは学問の道をさらに進み、人類の福祉のために新しい問題を提起し、問題の解決に挑戦し、さまざまの学問領域へさらなる一歩を踏み出すために、あるいは今までの学習や研究とは異なる方向へ自らの方向を転換するために、いずれにしても新たな飛躍を求めて、大学院における学習と研究の道へ進まれたのです。入学を心からお祝い申し上げます。

大学院に入ったみなさんは、これからさまざまの分野で、それぞれの学習と研究を行います。しかし、どんな分野であっても、いつも人と地球の共存のことを考えていてほしいと、私は思います。その趣旨は、京都大学の基本理念にある通りです。

人間が暮らしているのは、固体地球の表面に近い場所です。普段人々が生活する空間は固体地球の表層の表面から、たかだか数百メートル上下の範囲です。世界旅行するジェット機は一〇キロメートルほど上を飛んでいきます。海底深くに潜って調査するのも海面から一〇キロメートル程度の深さです。地表から上一〇〇キロメートルが大気圏と呼ばれます。その少し外を人工衛星が飛び、さらに太陽惑星圏があり、銀河系を超えて宇宙へと夢が広がっていきます。一方、普段暮らしている地表の下や、海が広がる水圏の下一〇〇キロメートルは岩石圏です。岩石圏を通って、地球内部のコアと呼ばれる中心部へ向かって、私たちの夢は宇宙へと同じように広がっていきます。

足下の大地から地下へ、あるいは大地から宇宙へ、あらゆる所にこの京都大学の研究者たちの興味の対象があり、あらゆる種類の学問がそれらを、もちろん私たちサル目ヒト科そのものも含めて、研究対象としています。

京都は、古都としての世界文化遺産で知られています。最近では京都議定書で京都を知った人もいます。また物作りの町として訪ねてくる人たちもいます。伝統ある文化を持つと同時に、常に新しい情報を発信したり、新しいものを送り出す町でもあります。京都大学は、その伝統である基礎研究を地道に守りつつ、しかもいつの時代においても地域との連携を大切にしてきました。

東アジアを巡る課題は、今世紀の重要な課題の一つですが、その課題に挑戦するための基本となる知の蓄積が京都大学にはあります。それを活かしながら、皆さん方にも利用していただきたいと思います。

大学院は、一八八六年の帝国大学令によってできた機関です。その時には、分科大学と、つまり今の学部ですが、並んで大学を構成する必須の機関とされました。これを卒業すると博士の学位を授与することができるとした旧制大学院です。私立や公立の大学には、実質的に古い歴史を持つ大学がありますが、一九一八年の大学令によって初めて公立や私立の大学にも大学院が必須の機関とされました。

太平洋戦争の後の学制改革によって、アメリカ合衆国の制度の形式をモデルとして、戦後の新制大学院ができて、学術の理論及び応用を教授研究し、その深奥をきわめて、文化の進展に寄与することと、学校教育法に定められた大学院ができました。博士と修士の学位の制度ができました。

二〇〇三年に改正された学校教育法では、「大学院は学術の理論及び応用を教授研究し、その深奥をきわめ、又は高度の専門性が求められる職業を担うための深い学識及び卓越した能力を培い、文化の進展に寄与することを目的とする」とあります。

これによって発足した専門職大学院においては、例えば法務博士（専門職）というように学位の標記が決められることになりました。専門職大学院に進む方は、京都大学の豊かな知の蓄積を活用して、単に知識を収得するだけでなく、幅広い教養に裏付けられた確かな視野を持ち、新しい時代に対応する人材として国際社会で活躍してほしいと思います。

学位の名称はそれぞれに定められていますが、学位に付ける専攻の分野名は二〇〇四年度で四三七種類にもなっているそうです。一九九四年の一八一種類に比べて急激に増えたことがわかります。その中で、多く見られるキーワードとしては、環境、文化、国際、情報、経営、政策などのことばで、これらに時代の要請が強いということがわかります。マネジメントやシステム、ビジネス、コミュニケーションなどのカタカナも増えました。ファイバアメニティー、アントレプレナー、バイオロボティクス、バイオメディカルサイエンス、グローバルビジネスコミュニケーションというような学位の名称も登場しました。
日本の大学の最初は、医、理、工、農、文、法というように一つの音節で表される分野から始まり、一〇〇年ほどの間にずいぶん数が増えて長い名称が多くなりました。京都大学においても、さまざまの分野が大学院の名称に見られるようになりました。

学問の世界で仕事する研究者にとっても、現場を踏んで事実を観察し、そこから得た成果を人類の福祉のために活かすことが基本として大切です。メディアの世界で仕事するジャーナリストにとっても、それはまったく同じです。京都大学にはフィールドワークを研究の手法の中心に置く分野があります。このフィールドワークを活かす分野にあっても、フィールドワークの現場は、これからは地球の表面近くに限らず、宇宙に向かって、あるいは地球の中心へ向かって拡がっていきます。例えば、小山勝二教授たちが著した『見えないもので宇宙を観る』（学術選書、京都大学学術出版会）によれば、宇宙を見るには、可視光のみならず、あらゆる手段が活用されることになりました。赤外線で、温度を知る、遠くを見る、昔を観る、エックス線で観る、星の誕生、星の最後を見る、超新星、ブラックホールを見る、重力波を検出する、また、ブラックホール、ダークマター、ビッグバン、ダークエネルギーの問題を考え、未知の問題に挑む、などと言われています。

現場を大切にするジャーナリストのことを考えるために、私が最近読んだ本は、江川紹子さんの『大火

郵便はがき

料金受取人払郵便

左京支店
承認

9120

差出有効期限
平成22年
9月30日まで

606-8790

(受取人)

京都市左京区吉田河原町15-9　京大会館内

京都大学学術出版会

読者カード係 行

▶ご購入申込書

書　名	定　価	冊　数

1. 下記書店での受け取りを希望する。

都道府県　　市区町　　店名

2. 直接裏面住所へ届けて下さい。

お支払い方法：郵便振替／代引　　公費書類(　　　)通　宛名：

送料　税込ご注文合計額3千円未満：200円／3千円以上6千円未満：300／6千円以上1万円未満：400円／1万円以上：無料
代引の場合は金額にかかわらず一律200円

京都大学学術出版会
TEL 075-761-6182　学内内線2589 / FAX 075-761-6190または719
URL http://www.kyoto-up.or.jp/　E-MAIL sales@kyoto-up.or.j

手数ですがお買い上げいただいた本のタイトルをお書き下さい。

書名）

本書についてのご感想・ご質問、その他ご意見など、ご自由にお書き下さい。

お名前

（　　歳）

ご住所

〒

TEL

ご職業	■ご勤務先・学校名

所属学会・研究団体

E-MAIL

ご購入の動機

A. 店頭で現物をみて　B. 新聞・雑誌広告（雑誌名　　）

C. メルマガ・ML（　　）

D. 小会図書目録　E. 小会からの新刊案内（DM）

F. 書評（　　）

G. 人にすすめられた　H. テキスト　I. その他

常的に参考にされている専門書（含 欧文書）の情報媒体は何ですか。

購入書店名

都道府県　市区町　店名

購読ありがとうございます。このカードは小会の図書およびブックフェア等催事ご案内のお届けのほか、告・編集上の資料とさせていただきます。お手数ですがご記入の上、切手を貼らずにご投函下さい。

種案内の受け取りを希望されない方は右に○印をおつけ下さい。　案内不要砕流に消ゆ――雲仙普賢岳・報道陣二〇名の死が遺したもの』（新風舎文庫）です。普賢岳の起こす大規模の火砕流は、私もすぐ近くで最大規模のものを観察したのですが、初期に発生した大規模な火砕流による、研究者や報道に従事する人たちの仕事の仕方の問題が提起されました。映像による報道を仕事にする人たちの現場についての考え方を学ぶために、この本を読みました。江川さんはその本で、「誰に指示されたわけでもない。スクープを狙ったわけでもない。目の前で大きな現象が起きていれば、カメラマンとしては当然現場に足が向く」と述べ、「現場に立つ者の判断力、警戒心、そして取材対象に対する的確な情報を収集し、把握することの大切さを彼らは身をもって示した、と思うのだ。そして彼らは、最後まで現場にこだわり、報道する者としての生を最後まで生ききった。そのことを忘れてはならない」としています。

また、自然災害にかかわる研究者としては、「この長期災害では、いつになったら終わるのか分からない、という点が、地元の人々にとっては一番苦しかったようだ。その思いをどうやったら言葉にできるのか……」と述べられている点に、私も研究者として注目しました。研究はおもしろいから続けるのですが、人々が何を知りたいと思っているかを知っていて研究を進めることも、大学院で研究する場合に大切なことの一つです。研究者として論文を発表するだけではなく、その研究成果をもとに、自らも社会貢献の一端を担うのだということに心掛けてほしいと思います。

大学院で、皆さんはさらに学習を深め、研究成果をあげることを目標とされます。常に広い視野を持ち続け、国際社会に貢献する人材であることを心がけていただきたいと思います。皆さんの学習と研究が実り、それが京都大学の知の蓄積ともなり、皆さんが二一世紀の国際社会の中で活躍される原動力ともなることを願って、私のお祝いの言葉といたします。

入学おめでとうございます。

（二〇〇六年四月七日）

12 「緑の回廊」プロジェクト——卒業式

本日、卒業される二七〇八名の皆さん、ご卒業おめでとうございます。ご来賓の沢田敏男元総長、井村裕夫元総長、長尾真前総長、名誉教授、ご列席の副学長、研究科長、学部長、教職員とともに、皆さんのご卒業を心からお祝い申し上げます。また、ご家族の皆様にも心からお慶び申し上げます。

京都大学を卒業した方たちは世界で活躍しておりますが、皆さんで京都大学の一一〇年の歴史の中で、卒業生の累計が一七万六八〇六名になりました。

今年の卒業生二七〇八名の中で、女性は五六一名です。もっと多くの女子学生に入学し、卒業してほしいと、私は思っています。『京都大学大学文書館だより』（二〇〇五年一〇月二九日、第七巻）に「データで見る京都大学の歴史、京都大学の女性教員」という詳しい報告を、大学文書館助手の保田そのさんが書いていています。それによると、「教授については、一九七〇（昭和四五）年六月に柳島静江が教養部教授に昇格したのが第一号であり、女性助教授の誕生より一六年遅れた。彼女は「京大初の女子学生」として一九四六年に京都帝大理学部に入学したうちの一人でもあり、卒業時に女性を対象とした求人がなかったから、奨学生となって大学院に進み、理学部助手、教養部助教授を経て教授に昇格した。なお女性教授が二名に増えるのはその五年後の一九七五年一一月であり」と報告が続いています。

日本ではすでに人口が減少する傾向が見られ、二〇〇七年の出生率は過去最低を更新するという予測があります。日本では少子化対策が重要課題であります。少子化を招く原因の第一は、教育費の負担で、国立大学が法人化して最初に出会った難問が授業料の値上げでありました。財務省は第一期中期目標期間中は授業料の標準額を改訂しないという約束をしていますが、これはいずれ見直すという方針とも受け取れますから、国立大学にとって大きな問題であります。少子化にいちばん深く関係しているのが、授業料を含む教育費の家計からの負担です。先進諸国の中で、日本は目立って高等教育に国費の支出が少ない国で、国立私立を問わず教育の国費からの支援をもっともっと充実しなければなりません。

少子化の第二の原因は女性が働くことを支援する仕組みの遅れであります。京都大学では、二〇〇六年度にようやく女性研究者支援センターを設立し、二〇〇七年二月五日には附属病院に病児保育室を開室しました。京都大学の女性教員は増加傾向にはあるとはいえ、二〇〇六年現在で六・七パーセントであり、まったく少ない状態が続いています。

スウェーデンのカロリンスカ研究所のハリエット・ウォルベルク・ヘンリクソン教授は、その研究所で初の女性学長です。彼女はカロリンスカ研究所の女性教授の割合を四〇パーセントに引き上げたいと言っていましたが、今でもすでに一五パーセントの女性教授がいます。

このような目標にはまだまだ遠いのですが、京都大学でもさらに女性教職員と学生に支援ができるような仕組みを整備していきたいと思っています。今日卒業される皆さんの中にはさらに京都大学大学院に進学される方もおられ、また京都大学で仕事をする方もおられると思いますが、このような女性支援の仕組みの整備にも知恵を出していただきたいと思います。

京都大学の基本理念の最初には「地球社会の調和ある共存に貢献するため、自由と調和を基礎に、ここに基本理念を定める」と書いてあります。地球のことを考えるときには、地球社会が発信するさまざまのメッセージを受けとめて、その意味を私たちは考えることが必要です。今年は卒業式のときに京都の桜が咲き始めているのはどういう意味を持つかを考えたいと思います。昨日の能登半島西部の地震は、二×一〇の一五乗ジュールほどのエネルギーを地球が消費した現象ですが、それが来るべき南海地震に向けて西日本にさらに力が加わってきたことを意味しているのかどうか、そのようなことも考えてみたいと思います。

私は、皆さんにヒト属のことを考えるときには、他の生物のことも、また地球のことも、同じ土俵で考えることを薦めます。日本のヒト科で、もっとも少子高齢化が進んでいるのはゴリラ属です。ヒト科の生物の中には、オランウータン、ゴリラ、チンパンジーとヒトの四属がありますが、これらの中でヒト属を除く三属が絶滅危惧種であります。ヒト属はまだ絶滅危惧種には入っていません。

京都大学霊長類研究所の松沢哲郎さんの書いた『おかあさんになったアイ――チンパンジーの親子と文化』（講談社学術文庫）によれば、ヒトとニホンザルには、だいたい三〇〇〇万年前に共通の祖先がいました。類人猿およびヒトのグループと、その他のサルのグループが分かれたのが、だいたい三〇〇〇万年くらい前だといいます。オランウータンはだいたい一二〇〇万年くらい前にヒトと分かれ、ゴリラはだいたい八〇〇万年くらい前に、チンパンジーは五〇〇万年くらい前にヒトと分かれたというのですから、チンパンジーはニホンザルよりはるかにヒトに近いということになります。

西アフリカのギニアにあるボッソウ村で、京都大学の研究者たちは三〇年以上、野生のチンパンジーの群れの観察と研究を続けてきました。これは世界の霊長類学をリードしている研究成果ですが、このチンパンジーの群れの個体数が以前の約三分の二までに激減しています。この研究のリーダーである霊長類研究所所長の松沢哲郎さんたちは、ギニアで森林を再生させる「緑の回廊」プロジェクトを進めています。ボッソウ村でのチンパンジーの野外観察は一九七六年に、霊長類研究所所長だった杉山幸丸さんが開始し、それ以来続けてきた研究の成果として、チンパンジーが石で木の実を割ったり、親以外の大人が幼児を支援したり、ヒトに近い行動を観察した結果を記録してきました。

人類の起源の解明には霊長類研究が必須である、という日本学術会議の勧告から三年後、一九六七年六月一日に、霊長類研究所が全国共同利用の附置研究所として発足しました。したがって、霊長類研究所は、今年六月一日に、創立四〇周年を迎えます。

霊長類研究に長い経験を持つジェーン・グドールさんが京都大学に来られたとき、私は簡単に、「チンパンジーを守るために、京都大学に何ができますか」と聞きました。彼女の答えも簡単で、「学問をやってください」というものでした。

木と森のことを少し考えてみたいと思いました。国民一人あたりの森林の面積を見ると、カナダは八・三ヘクタール、フィンランド三・九ヘクタール、ブラジル三・四ヘクタール、スウェーデン二・八ヘクタール、ザイール二・五ヘクタール、オーストラリア二・三ヘクタールで、日本はたった〇・二ヘクタールです。しかし、国土の面積に対する森林の割合は大きく、カナダの二六・五パーセントに対して、日本は六六・八パーセントもあります。日本は木と森の国で、原生林も多く、たとえば、屋久杉は千年を超えていて初めて屋久杉と呼ぶことができるといいます。千年未満は小杉というそうです。

今日卒業される皆さんにも、京都大学のさまざまの分野で学習された知恵を活かして、木と森のことを考えてほしいという願いがあって、今年から卒業の記念に祝い箸を贈ることにしました。

この祝い箸と京都大学の和歌山研究林の関係について、少し説明します。和歌山研究林は、和歌山県有田川支流湯川川の源流部に位置しています。和歌山県ではありますが標高が高いために冬には積雪がみられ、紀伊半島のほぼ中央で、奈良県との県境に近い場所にあります。人工林の教育研究の場として適地であるため、昭和の初期には樹木のまばらな所への杉・桧の樹下植栽が行われましたが、戦中戦後の混乱期には伐採、造林ともに縮小しました。一九五六（昭和三一）年以降には大規模な皆伐が行われるようになり、その伐採跡地には主に杉・桧が植栽されました。

同じ時期に植えられた日本中の人工林と同様に、今や四〇ないし五〇歳となり、伐採を待つばかりの状態にあります。しかし、わが国では木材を伐採しても採算が合わない状態となってしまっています。そのため、人工林を所有する多くの林業経営者が伐採、施業を行えない状態が続いています。

人工林は自然にできた森とはちがって、同じ種類のやせた木だけが生えている生物多様性の低い、非常にいびつな森林になってしまいます。水源に位置することの多い森林の状態が悪化すると、下流のすべての生態系に影響が生じます。このような状況の中で京都大学は適正な間伐を行い、その間伐した木材を有効に利用しようとしています。j-Podと呼ばれる耐震性の高い構造をもった木造建築もその一つです。本部構内に国際交流セミナーハウスが、この方式で建てられています。この建物の木材の端切れを使って箸を作りました。その箸を皆さんの卒業を祝って贈りたいと思います。

今年の修士論文の中に、地球環境学舎環境マネジメント専攻の松倉崇さんの論文があります。論文の題は「木材資源としての大学研究林の活用に関する考察――スギ間伐材を用いた学内木造施設の建築を通して」というものです。その論文によると、国際交流セミナーハウス建設プロジェクトで、一次製材が行なわれた松田製材所で、かなりの量の杉丸太の端材が発生したそうです。

皆さんに贈る祝い箸の加工は、吉野郡吉野町国栖にある吉野製箸工業協同組合の辰田製箸所で行われました。長さ五〇センチの角箸に「京都大学」の文字を入れ、三三〇〇本制作されました。元の木は北向き斜面に立っていた一九六八（昭和四三）年造林の杉一〇〇本分であります。

箸は、中国や韓国などでも用いられます。日本ではとくに多くの種類の箸が用いられています。割箸は日本独自の製品で、製材の過程での端切れを活用する方式で作られます。箸に使う木も、地下にある石炭も、炭酸ガスを固定しているものですが、それらをどのように使うのが地球環境を大切にするために最も効果的かを皆さんにも考えてほしいと思っています。

また、日本は万葉集の時代から、掛詞の文化を持っています。「はし」にはいろいろの漢字が対応します。「箸」「嘴」は食のシンボルです。京都大学を卒業した湯川秀樹博士は京都の料理を楽しみ、朝永振一郎博士は酒を愛し、野依良治博士はワインを飲むときには特上のワインを選べと教えます。「端」は先のとがったもの、世界の先端の仕事をして欲しいという願いであり、「梯」「階」は上下のつなぎを、「橋」「梁」は水平の方向の架け橋を意味しています。いずれも皆さんの将来に期待されている役目です。

皆さんはこれからさまざまの道を進んで行かれると思います。明日から社会に出て仕事を始める方もいるでしょう。すでに仕事を始めている方もいます。また、大学院に進学して学問をさらに深める道を進む方もいるでしょう。いずれにしても健康を守ることを大切にして、地球社会の調和ある共存に貢献していただくよう、あらためてお願いして、学士学位を得られた皆さんへの私のお祝いの言葉といたします。

ご卒業おめでとうございます。

（二〇〇七年三月二六日）

13　変動帯の文化

──学部入学式──

京都大学に入学された三〇三〇名の皆さん、入学おめでとうございます。ご列席の西島安則元総長、長尾真前総長、名誉教授、副学長、各学部長、研究科長、研究所長、教職員とともに、心からお祝い申し上げます。

京都大学に入学するまでに、皆さんはさまざまの道をたどってきたことでしょう。この式場におられる一人ひとりがたどった道を今思い返していることでしょう。ご家族の方々も、学習を支えてのこれまでの時間を思い起こしておられることでしょう。それぞれに長い間の努力が報われたという実感を持って、ここに列席しておられることと思います。学問の府にあって独り立ちした京都大学の学生としての成長を、ご家族の方々には、これからもあたたかく見守ってくださるようお願いします。

今年は京都の桜が早くから咲き始め、今多くの種類の桜が満開になって、皆さんの入学を祝福していきます。広島市の「原爆桜」もきっと花を咲かせていることと思います。被爆して誰もが死んだものと思っていた桜が、何年かして花を咲かせるようになったと聞きます。谷川俊太郎さんの詩があります。「原爆をつくるな。つくるなら花をつくれ。つくるなら家をつくれ。つくるなら未来をつくれ。戦争にちからはかせない。だが平和のためにならら！」という一節があります。

今年の一月二三日は、湯川秀樹博士の生誕百年の記念日で、私たちはそれを記念してさまざまの行事を行ってきました。日本で初めてノーベル賞を受賞した湯川秀樹博士は一九〇七年生まれ、日本で二番目にノーベル賞を受けた朝永振一郎博士は一九〇六年生まれです。素粒子論の分野における偉大な業績とともに、平和を願った両博士のことを忘れてはなりません。「ラッセル・アインシュタイン宣言」をもとに、カナダで開かれた「パグウォッシュ会議」に、湯川秀樹博士と朝永振一郎博士は参加し、その後一九六二年の第一回科学者京都会議を開催しました。皆さんも物理学の功績を学ぶとともに、この二人の大先輩の平和への貢献を学んでほしいと思います。

社会には、さまざまな矛盾があります。しかし、これらは乗り切ることができないという前提に立つと、大学の大学たる意味がなくなります。皆さんもそのような課題に挑戦するため、総合大学の特長を活用して、幅広い知識を身につけながら、世界の先端を行く京都大学の特長を活かして、専門の分野へしっかりと向かってほしいと思います。

例えば地球環境です。自然環境を守るためには、エネルギーや物質資源を節約しなければなりません。炭酸ガスの排出量を減らすことが重要です。しかし、大学では実験機器を運転しないと最先端の研究を進めることができません。そのためには電力を必要とします。代替エネルギーを求めて石油以外の利用を奨励する人もいます。しかし市民に石油の節約をすすめる人の考えの中には企業が必要とする石油を確保するための論理もあり、また一方、大規模な戦争で石油を大量消費することがあります。さまざまの状況を見て自分で考えてみなければなりません。

京都大学は海外に三四の拠点を設置しています。また日本の各地にも数十か所に教育と研究の拠点を置いています。例えば、犬山市には霊長類研究所があります。そこには、チンパンジーのアイとアユムの親子がいます。アイは、一九七六年一〇月生まれの三〇歳の雌で、アユムは二〇〇〇年四月二四日生まれで、もうすぐ七歳になる雄です。また、パンとパルの親子もいます。パンは一九八三年一二月生まれの雌で、パルは二〇〇〇年八月九日生まれの雌です。

霊長類研究所の松沢哲郎教授の『おかあさんになったアイ――チンパンジーの親子と文化』（講談社学術文庫、二〇〇六年）を読んでみてください。京都大学の基本理念にある「地球社会の調和ある共存」を理解するためには、地球社会のことをさまざまの面から知ることが必要です。

松沢先生たちの観察から得られた知識は、チンパンジーがもって生まれた能力の高さと、生後の、とくに初期の成育環境の持つ重要性を教えています。「親がやっているようすを繰り返し見る。生後の毎日、その母親のうしろ姿をじっと見て学ぶことによって、子どもはいつのまにか、こんなことができるようになっていたのです」とその様子が描かれています。

「ジェーン・グドールさんがタンザニアのゴンベというところで野生チンパンジーの研究をはじめたのが一九六〇年の七月一六日ですから、二〇〇〇年でちょうど四〇年でした。

ということは、人類はまだだれも、たった一人のチンパンジーの一生さえ見ていません。何かチンパンジーのことがよくわかったかのように話してはいますが、一人のチンパンジーが生まれてから死ぬまでというのを、まだだれも見たことがないのです。それくらいの短い時間の中で少しわかってきたことを、いま紹介しているわけです」

松沢先生のこの文章から、大学における研究がいかに長い時間をかけて行われているかということがわかります。その息の長い研究活動から得られた貴重な知的財産が、大学の至る所に蓄積されています。皆さんはその知財を活用して学習し、新しい知を加えていくという貢献を、自身の努力で行っていく機会を持つことができるのであります。

再び松沢先生の本の引用ですが、

「霊長類学というのは、多くの学問の中でもひじょうにユニークで、日本が発祥の地で世界に発信しているめずらしい学問です。多くの学問というのは西欧で生まれています。近代、現代の日本にとっては、西欧で発達した学問を明治はじめの一三〇年前くらいに輸入して、それが日本に根づくというのが、多くの学問のパターンでした。しかし、霊長類学の場合には、日本で独自の発展をとげて世界へ発信していきました。その理由の一つは、先進諸国の中で野生のサルがいる国は日本だけだということです」

同じことが、私の専門である地震学でも言えます。日本は先進諸国の中で、大地震や火山噴火によって国土のすべてが形成された国です。世界で最初の地震学会は、明治時代に日本で誕生しました。地震工学も日本人の提唱で生まれました。変動帯の特徴である「津波」という現象も「砂防」という工学の仕事も、今では国際語として日本語のまま呼ばれています。プレート収束域に発達した変動帯特有の地形と、中緯度の気候の特性が、日本列島独特の四季折々の景色を生み出し、活断層運動によって形成された京都や奈良や近江の盆地には、たっぷりと地下水が蓄えられ、そこに都市が生まれ、豊かな文化が育ちました。私はその日本の文化を「変動帯の文化」と呼んでいます。その美しい日本の自然と文化を守り、さらに育てていくことに貢献するのも京都大学の役割であり、皆さんの参加を待っている教育と研究と社会貢献の意味でもあります。

京都大学は一八九七年に創立されました。一一〇年の歴史を持つ京都大学が、そのような教育と研究と社会貢献の役割を果たしてきた中で、この大学は「自由の学風」という言葉で知られる大学になりました。一三〇〇年以上の歴史を持つ活断層盆地の京都で、最古の物語である『竹取物語』が生まれ、今年あたりは世界的文学である『源氏物語』誕生から一〇〇〇年になります。京都と周辺の地域は古都京都の世界遺産を持っています。そこで生まれた「自由の学風」を、これからも私たちは大切にしなければなりません。皆さんにも、その真の意味をよく考えながら学習に励んでほしいと思っています。

また、松沢先生の本からです。「ちなみに「エデュケーション」を「教育」と先人は訳しました。そのラテン語の語源は「エデュセール」です。「中にあるものを引き出す」というのが本来の意味です」というように京都大学が用意する「教育」では、教え育てるという他動詞の方式よりは、学び習うという自動詞の

「学習」を基本として、「自学自習の精神」を伝えたいと思っています。

日本列島の変動帯の特性は、さまざまの日本の文化を育ててきました。夏目漱石の小説『こころ』は、英語に翻訳されたときには、結局『*Kokoro*』という題になりました。京都大学は「こころの未来研究センター」を新しく創設し、今週四月二日、初代の研究センター長として吉川左紀子教授に辞令をお渡ししました。そのような大学の変化の中で、皆さんは京都大学の学生として学習活動を始めます。この大学の一〇年の歴史と、その歴史の中で生まれた、さまざまの知財をぜひ学んでほしいと思います。

今年は日本が南極観測を本格的に始めて五〇周年を迎えます。最初から多くの隊員が京都大学から参加しました。湯川秀樹博士の誕生日でもある今年一月二三日に、「南極地域観測事業開始五〇周年」の記念切手が発行されました。八〇円郵便切手一〇種一シートです。

一九五六年の一次隊は、砕氷船「宗谷」でオングル島に昭和基地を建設し、地球物理・気象の観測調査を始めましたが、オビ号による救出を受けることになりました。随伴船海鷹丸による海洋調査も行われました。一九五七年の二次隊は、「宗谷」が接岸できず、越冬を断念しました。そのとき残されていたタロとジロの生存が、一九五八年の三次隊によって確認され、昭和基地が再開されました。一九五九年の四次隊では、昭和基地で福島紳隊員が遭難し、亡くなりました。

最初の越冬隊長、西堀栄三郎さんは京都大学理学部出身、タロやジロを担当した北村泰一隊員も同じ理学部でした。遭難した福島紳隊員も同じ理学部出身です。私にとっても、三回生のときの一一月祭で、福島隊員の遺影の元、南極観測展を開催し、連日行列ができたことも、映画「南極物語」の撮影で夏目雅子さんたちが地球物理学教室に来られたことも、忘れ得ない思い出であります。

二〇〇五年から二〇〇八年の四年間で、昭和基地から残置廃棄物をすべてなくす計画があります。持ち帰りが完了した次の年からは、発生した廃棄物は廃棄物倉庫に保管して飛散を防ぎ、毎年すべて持ち帰って基地には残さない方針となっています。このような計画の意味を理解し、地球環境を皆で考え、もっとも大規模に環境破壊を進める戦争をなくすためにはどうすればいいかを、私たちはよく考えていかなければなりません。

地球のことを考えるためには、地図をよく見ることが必要です。皆さんはぜひ正確な地図を大切にする人になってほしいと思います。二一世紀の人類の生存のためにも、南極は大切な大陸ですが、世界地図に南極大陸を描いていないものがたくさんあります。五大陸と言うときには、ユーラシア、北アメリカ、南アメリカ、アフリカ、オーストラリアで、南極大陸を含んでいません。それでは地球のことが理解できません。昨日、グーグルで「五大陸」で検索すると二三万件、「六大陸」で検索すると五万二千件ほどでした。まだ半分にもなりません。京都大学の学生の皆さんはぜひ六大陸派になってください。

総合博物館では、地理学教室一〇〇年を記念して、特別展「地図出版の四〇〇年――京都・日本・世界」を開催しています。皆さんは、学生証で入館できます。ぜひそれを利用して見学し、いろいろの時代の世界観に地図を通して触れてください。常設展示も、ともに京都大学が持つ知的財産の一部を世界の人々に向かって公開するものです。ご家族の方たちも、ぜひこの機会にご覧いただきたいと思います。

このように京都大学では多くの課外の行事を展開します。例えば、時計台では「未来フォーラム」という企画があります。活躍している先輩たちに話していただきます。次は四月一六日夕方の、日本電信電話株式会社代表取締役社長和田紀夫さんの話です。このような機会は京都大学に入学したからこそ得られるもので、大いに利用してほしいと思います。

宇宙へ行ったという毛利衛さんは、ＮＨＫの番組で「南極って、こんなに遠いのか」とコメントしていました。ご自分が行かれた宇宙と比べてでしょうが、彼が行ったのは、実は地球圏というべきところで、高度四〇〇キロメートルあたりの空を飛行しました。本当の宇宙は、もちろん南極よりははるかに遠いのですが、スペースシャトルよりは、南極は日本から遠く、しかも到達するのに困難を伴います。

また、宇宙へ飛ぶのと、地球の中へ行くのとでは、後者の方がはるかに困難であるというのも、確かです。「ちきゅう」という船ができて、これからようやく地球の中の研究が進みます。技術の進歩が科学を発展させます。今まで測定できなかった現象を精度よく測れるようになり、記憶容量が増えるとともに、今まで記録できなかった膨大なデータが残されるようになり、コンピュータの速度が速くなって、できなかったシミュレーションが可能になります。皆さんが未来に向かって進む道には、さまざまの魅力あふれる未知の課題が待っています。

皆さんは今まで、いろいろのことを学習して知識を蓄えてきました。その中で、自らの行く道を見つけて進路を選んだ方もきっと多いと思います。いずれにしても、今まではこの京都大学へ入学する道を進んできたことでしょうが、これからは、世界に向かって、皆さんの時代には宇宙に向かってというべきでしょうが、京都大学の中から宇宙を見つめながら、住んでいる地球をしっかりと見つめながら、さらなる学習を続けていただきたいと思います。

また、在学中にぜひ外国留学して、外国の文化に直接触れるようにしてください。海外から日本に来られた方は、日本の文化を蓄積した京都の伝統に触れる機会を持ってください。東アジア、とくに中国への留学もすすめます。二一世紀は東アジアの時代であり、英語と中国語は国際語として役立つ言語です。留学するためには自国語と自国の文化をよく学んでください。学生の間に留学した国の言葉は一生の財産になり、そこで皆さんは文化を伝える大使となり、得た友人は生涯の友となって、皆さんの人生を豊かにするでしょう。

何よりも自らの健康を大切にして、友人を大切にして、学習に、そして課外活動に、力一杯活躍してくださることを願って、大学生活を明るく楽しく過ごしてくださることを願って、私の入学式の式辞といたします。

京都大学入学、まことにおめでとうございます。

（二〇〇七年四月六日）

14 世界の各地で――博士学位授与式――

今日、京都大学博士の学位を得られました一六〇名の方々、おめでとうございます。課程博士一三〇名、論文博士三〇名の皆さんが、今日学位を授与されました。ご列席の副学長、各研究科長とともに、心からおよろこび申し上げます。京都大学の一一一年の歴史の中で、博士学位はこれで三万六一二二名となりました。

京都大学は、創立以来一一一年の歴史の中で多くの研究成果をあげ、知を創造し、知を蓄積してきました。教育と研究と社会貢献を大学の目的として、それらを効率よく行うためにさまざまの工夫をしながら予算の不足を知恵で補いつつ、京都大学は人類の福祉に貢献してきたという誇りを持っています。本日、学位を得られた皆さんの論文もまた京都大学の研究教育を進展させた貴重な業績であります。皆さんの学位論文は、世界の人たちの共有財産として、国会図書館に保存され、京都大学にも保存されることになります。ご自身でもその研究成果を積極的に多くの人に伝える努力をしてくださるようお願いします。研究成果は多くの人に知ってもらってこそ、その価値があるのです。

京都大学は、総合大学としてたいへん幅の広い分野に世界一と言える研究成果を持つ大学ですが、とりわけ伝統的にフィールドワークを一つの特徴として、世界の大学に成果を伝える仕事をしてきました。その結果、世界の各地に教育と研究と社会貢献の拠点を持っているという特徴があります。現在京都大学には一〇学部、一九の大学院研究科など、一三の研究所と一六の研究センターなどがあります。研究所や研究センターの中には化学研究所のように一九二六年の設立以来の長い歴史を持つ研究所もあれば、こころの未来研究センターや野生動物研究センターのように最近設置されたものもあります。

フィールドワークを行っている研究センターの例として、フィールド科学教育研究センターの国内の附属施設と、二〇〇八年四月に発足した野生動物研究センターの附属施設を見てみましょう。これらの施設にはいつも研究者たちがいて、それぞれの分野で次の世代の研究者を育てるための実習を行い、新しい研究成果をあげるために観察と記録を粘り強く続けている光景が見られます。そこには世界から、また日本の各地からやってきた学生や研究者たちがいて、実質的に共同利用している光景が見られます。その分野の世界の交流の拠点となっている施設がたくさんあり、京都大学はそのような点で国際的な教育研究の拠点であるということができます。

フィールド科学教育研究センターには、附属施設として、芦生研究林（大正一〇年四月開設）、北海道研究林標茶区（昭和二四年四月開設）、北海道研究林白糠区（昭和二五年六月開設）、和歌山研究林（大正一五年一月開設）、上賀茂試験地（大正一五年九月開設）、徳山試験地（昭和一七年三月開設）、北白川試験地（大正一三年五月開設）、紀伊大島実験所（昭和四二年六月開設）、舞鶴水産実験所（昭和四七年五月開設）、

瀬戸臨海実験所（大正一一年七月開設）がありますが、さらにさまざまの機関や個人との協力のもとに、例えば気仙沼で、由良川で、古座川流域で、丹後の海で、あるいは横波三里でというように、全国の至る所に教育研究の拠点があって、教員や学生たちがさまざまの人びととともに研究活動を行っています。

野生動物研究センターの附属施設には、幸島観察所（昭和四四年六月開設）、屋久島観察所（昭和五八年四月開設）、チンパンジー・サンクチュアリ・宇土（平成一九年八月開設）などがあります。私もこれらの三か所を見学しましたが、そこには猿と鹿と人と、あるいはチンパンジーと学生との共存による研究のフィールドが見事に構成されており、そのフィールドをまた観察し記録するという貴重な体験をすることができました。

このように京都大学の教育研究施設は北海道から九州まで広く分布しています。北海道では根釧原野の中央にある広大な研究林で厳冬の実習を行っています。東北には牡蠣のことを学ぶ気仙沼の拠点があり、飛騨の山には理学研究科附属天文台があります。柴田一成教授らのグループは、この天文台の太陽磁場活動望遠鏡（ＳＭＡＲＴ）を用いて、太陽系で最大の爆発現象である太陽フレアに伴う三連続衝撃波を初めて発見し、その成果が二〇〇八年九月一日発行のアストロフィジカル・ジャーナル・レター誌に掲載されました。京都大学の研究のフィールドは宇宙にまで拡がっていると言うことができます。

このような教育研究の拠点は諸外国にもたくさんあります。その拠点を中心に多くの研究者たちがフィールドワークを実行して論文を書きます。また、諸国から来た留学生が自分の国を研究のフィールドとして、その地域との協力によって研究成果をあげる場合もあります。それらが貴重な研究資料となって、さらに研究が大きく発展することもあります。

今日の学位論文の中にもそのような地域のことを分析して得た成果がたくさん見られました。そのいくつかを紹介します。

経済学研究科経済システム分析専攻のサタバンディット・インシシェンマイさんの学位論文題目は、「ラオスにおける新しい経済計画用計量経済モデルの開発」です。主査は、大西広教授です。

アジアの社会主義の国はすべて途上国で、市場経済化という条件が加わっているという状況があります。この論文が対象とするラオスは、市場経済化への移行が遅れただけではなく、「途上国」としての経済水準や経済構造の遅れがあり、さらにはマクロ統計の整備の遅れがあるそうです。そのような状況をどのように経済計画用のマクロ計量経済モデルで表現するかが、この論文の課題でした。

同じく経済学研究科経済システム分析専攻のウマルジャン・アイサンさんの学位論文題目は、「新疆ウイグル自治区における農村工業化の実態と発展条件」です。これも主査は、大西広教授です。

この論文は、新疆ウイグル自治区における農村工業化の実態と発展条件を経済学の枠組みの中で明らかにしていくことを試みたものです。チベット自治区ラサでの暴動を機に中国における少数民族問題が注目を集めていますが、そのような事件の前から、長く研究を進めてきた結果が集約されています。

経済学研究科現代経済学専攻の劉春發さんの学位論文題目は、「市場化に伴う中国林業経営の持続可能性についての経済分析」です。主査は、山本裕美教授です。

この論文は、新中国建国から現在までの中国の林業政策の発展と改革を理論的実証的に分析したもので、一九八五年からの中国経済の市場経済化の下における現代中国の林業経営組織体制の改革と発展を論じたものです。

同じく経済学研究科現代経済学専攻の張冬雪さんの学位論文題目は、「中国農業におけるガバナンス・メカニズムの転機」です。これも主査は、山本裕美教授です。

この論文では、中国の農業発展過程が、制度と組織の面からウィリアムソンのガバナンス理論とシュルツの農業組織理論を援用して定性的に分析されており、土地改革、合作社、人民公社、家庭連産請負責任制、農業産業化の諸段階におけるガバナンスの転換過程が、合理的に分析できていることが評価されました。

地球環境学舎環境マネジメント専攻の宮口貴彰さんの学位論文題目は、「企業とコミュニティのインターフェースを通じた気候変動の影響の軽減――インドとインドネシアの事例をもとに」です。主査は、ショウ・ラジブ准教授です。

この論文は、昨今の全世界、特にアジア地域において顕著に見られる気候変動の影響の削減に向けて、私企業がコミュニティを焦点にした活動を通し、その持ち得る影響と役割について、インドおよびインドネシアの事例を基に分析したものです。

同じく、地球環境学舎環境マネジメント専攻のアキレッシュ・クマール・スルジャンさんの学位論文題目は、「インド都市部におけるコミュニティ主体の環境改善を通じた気象災害への対応力に関する研究」です。これも主査は、ショウ・ラジブ准教授です。

この論文は、コミュニティレベルでの都市環境改善を通じて、都市リスクと気候変動のリスクの関わりをコミュニティの人々が認識することに着目し、持続可能なリスク軽減プロセスを分析したもので、都市社会が自然災害のリスクに対して管理する際の重要な改善点を明らかにしました。対象地域はインド沿岸都市であり、洪水災害の脆弱性と管理に焦点を当てて分析が行われました。

また、同じ地球環境学舎環境マネジメント専攻のアンシュー・シャルマさんの学位論文題目は、「コミュニティ主体の防災における遠隔教育の効果的な内容と方法」です。主査は、小林正美教授です。

この研究は、コミュニティを主体にした防災マネジメントを対象に、現場実務の実態を分析して、現地の実務家を教育するために相応しい内容と方法論を持った枠組みを作ることを目的にしたものです。

同じく地球環境学舎環境マネジメント専攻のマヌー・グプタさんの学位論文題目は、「コミュニティ主体の防災マネジメント――外部支援型プロジェクトによる地域の対処能力の向上」です。これも主査は、小林正美教授です。

この論文は、持続的な、コミュニティ主体の防災マネジメントの鍵は、コミュニティが持っている地域の文化と環境に根ざした伝統的な対処方法を評価し、それを強くして復元力を高めることにあると述べています。外部支援組織の役割は、コミュニティが、まわりの自然環境を理解し、自然に適合できる力を強めることと、自然の理解や自然への適合を阻むあらゆる障害を取り除くための、技術的な解決策を見つけ出せる環境をつくることにあると、その役割を明示しました。

地球環境学舎地球環境学専攻の勝村文子（旧姓松本）さんの学位論文題目は、「アートプロジェクトによる地域づくりに関する研究」です。主査は、小林愼太郎教授です。

芸術を用いた地域づくりに関して、その効果と可能性を事例研究を通じて考えたものです。芸術を用いた地域づくりは、近年、事例数の増加や社会からの注目にもかかわらず、評価が難しいという点から、事業継続の根拠となる効果について科学的な検証が行われていないそうです。この論文は、住民を対象とした質的調査と量的な統計分析を組み合わせることにより、芸術を用いた地域づくりの効果とその要因について様々な角度から明らかにして、アートプロジェクトによる地域づくりについて、実証的かつ科学的に論じたものです。

棚瀬慈郎さんの学位論文題目は、「インドヒマラヤのチベット系諸社会における婚姻と家運営――ラホール、スピティ、ラダック、ザンスカールの比較とその変化」です。主査は、人間・環境学研究科の田中雅一教授です。

この論文は、インドヒマラヤ西部に分布するチベット系諸社会についての比較研究を試みたもので、対象となっている地域は、インド共和国のヒマーチャル・プラデーシュ州ラホール渓谷、同州スピティ渓谷、ジャンムー・カシミール州ラダック地方、同州ザンスカール地方です。それらの社会における家運営のあり方と、婚姻戦略に関する研究を行い、それらがインド共和国という近代国家の枠組みの中で、いかなる変化をこうむってきたかを比較・考察しました。

一九六三年に京都大学理学部地球物理学科を卒業して、私は防災研究所の助手になりました。そして防災研究所に新しくできた鳥取微小地震観測所の創設の仕事をしました。それは西村英一先生の考えで、小さい地震のデータから今までに知られていない地下の情報を得ようという世界で初めての計画であり、途切れることなく得られた地震計のデータの分析から深発地震発生の仕組みを研究して、私は一九七二年に京都大学理学博士という学位を授与されました。その論文のもとになった観測所を維持するために、多くの職員、学生の努力があって、教員の努力が生きるという協力体制が機能し、京都から離れた土地での仕事を家族が支え、また地元の方たちが惜しみなく援助の手をさしのべて下さいました。

皆さんの学位論文の完成までにも、そのように多くの人々の支援がきっとあったことと思います。そのような背景にも思いを馳せながら、皆さんは今、苦労の道筋を思い出していることでしょう。

これから皆さんは、京都大学博士として、さらなる研鑽を積み、世界の平和と人類の福祉に貢献し、地球社会の調和ある共存に貢献する人材として、世界を舞台に研究活動を続け、また後進の指導をしながら、活躍することになるでしょう。そのためには何よりも心身の健康に気をつけて暮らしてほしいと思います。

本日の博士学位授与、あらためて、まことにおめでとうございます。

（二〇〇八年九月二四日）

第二部

自由の学風の現場で

2007年11月12日，ジェーン・グドールさんに
京都大学名誉博士号授与

第二部

自由の学風の最盛り

1 記憶は偉大だ——京都大学名誉博士授与式——

今日、渡辺格先生と利根川進先生の同級生のみなさまにご列席いただき、副学長、各研究科長、部局長、教職員とともに、利根川進博士に京都大学名誉博士の称号を授与しましたことは、私にとって大変名誉なことです。

利根川進博士が京都大学理学部を卒業したとき、その卒業式で式辞を述べたのは、平澤興第一六代総長でした。理学部の卒業生一五三名の中に利根川進さんがおられました。その式辞の中で、平澤先生は、「あくまでも工夫をこらして精進し、その道ではいかなる人にも負けないだけの自信を持てるよう努力する（中略）、ただ人に負けないのみならず、独創的精神をもって絶えず新しい境地、新しい成果を生み出さねばなりません」と言っておられます。利根川先生の脳に、もしかしたら、そのことばが記録されていて想起されているのかもしれません。

昔この時計台の地下にレストランがあり、そこでステーキ定食を出していたという話を私がして、生協が百周年時計台記念館の竣工記念に、そのステーキ定食を復元しようと計画しました。私はクラスメイトにメールを送って、そのステーキ定食の記憶をたどってもらいました。その答えの中で、くわしい記憶の記述を送って下さったのが、竹内さんと、利根川さんでした。竹内さんのは牛肉が安かったしくみを、利根川さんのはレストランでの珍妙な場面を伝える内容でした。おかげさまで、復元したステーキランチは大変な好評でした。

利根川さんのそのときのメールには、“Memory is a great thing”（記憶は偉大だ）とありました。

本日の午後、利根川博士は、ウイルス研究所と生命科学研究科との主催する学術講演会で、「分子生物学から免疫学、そして脳科学へ」という講義をしてくださることになっております。先ほど読み上げました名誉博士号授与の趣意書には、この「脳科学」とか「記憶」という、利根川進博士の現在を直接表す言葉が出てきておりませんが、私たちが最も関心を持つ課題である脳科学で、さらに第二のノーベル賞を獲得していただきたいと思い、またお弟子さんの中からノーベル賞の受賞者が出ることを願って、私はこの名誉博士の称号を授与させていただきました。

この京都大学名誉博士の称号は、一九八九年から二〇〇二年まで、各分野ごとに合計八名の方々に授与されました。その後制度を変えて、推薦は部局か総長の推薦によるのですが、称号は京都大学名誉博士ということになりました。ただいまその第二号の名誉博士号を差し上げましたが、総長推薦による最初の京都大学名誉博士であります。推薦者は長尾真前総長であります。その授与式を、利根川博士の京都大学理学部時代の級友と渡辺格先生のご出席のもとで挙行することができて、うれしく思うと同時に、さまざまなことを思い出します。

この記念館で授与式を行いましたが、利根川博士がときどき話しておられるように、理学部に入学して次の年、一九五九年の第一次安保闘争が始まって、この時計台の周辺でも大変な闘争が毎日くり返されておりました。その頃のことが思い起こされるのであります。

まさに記憶は偉大であります。その記憶もまじえながら、この授与式の場で、しばらくご列席の方々と、ご懇談をいただければと思います。

京都大学名誉博士の称号、まことにおめでとうございます。

（二〇〇四年四月一二日）

2　東洋の文化の大切さ——第三回日中大学長会議——

北京市の老舗のホテルである北京飯店で、八月一日から三日まで、二日目の会議を中心にさまざまな活動をしました。

二日の九時から、北京大学の許智宏学長が開会の挨拶を述べられました。また、周済中華人民共和国教育部長が、開会にあたって挨拶されました。そこで、中国の高等教育の改革が急速に進められている状況が詳しく紹介されました。二〇〇七年までの新しい計画の中での、二つの戦略的重点、六つの重要プロジェクト、六つの重点措置について説明されました。中国の教育部長というのは、日本でいえば、文部大臣というポストです。

戦略的重点の第一は農村教育で、西部地域での九年制義務教育の普及であり、第二は高い水準の大学の建設だということです。中国のイノベーション能力と国際競争力の向上が目標であるとして、その目指すところが詳しく紹介されました。

ついで、佐々木毅東京大学総長の司会で日本側の報告があり、近藤信司文部科学省審議官が国立大学法人化の趣旨を述べました。審議官の口から、あらためてその改革の経過や、「今後さらに大学の再編が進んでいくものと考えています」というように、日本の文部科学省の明確な考え方を聞くことができるのも、外国の会議に参加する場合の利点のひとつです。近藤審議官は、日中間の大学交流にふれ、留学生の交換についても述べました。研究者の交流についての実績にもふれ、最重要課題の一つとの位置づけから、今後は質の高い留学生を受け入れたいという方針を述べました。

日本学術振興会の小野元之理事長は中国語で挨拶して報告を始めました。小野理事長は、日本学術振興会は日中学術交流でも重要な役割を占めており、最近、北京事務所を開設しました。日本の、二〇〇〇億円に達した振興会の資金のほとんどが競争的資金として配分される意義と仕組みを説明し、最後に、日本の大学の学長に求める「十大力」について述べられました。それを、私は、司会席の佐々木学長と思わず顔を見合せて苦笑しながら聞きました。司会席の許学長も声を出して笑っていました。

コーヒーブレイクのあと、次のセッションでは、王生洪復旦大学長の報告で、日中交流の状況が紹介されました。早稲田大学との間では学位授与まで含めた協定が交わされました。京都大学の上海研究中心（センター）のことも紹介されました。人材交流でもたいへん広い分野にわたっていることを評価し、留学生の交換での問題点をあげ、奨学金制度の整備を提案されました。潘雲鶴浙江大学長の報告は、第一回の東京大学での日中大学長会議からの話でした。今進められている中国の大学改革のことが話され、大学の評価の仕組みでは、教育と研究とのバランスをいかにとるかが重要なポイントであり、熱心な議論が進められているということです。

次に東北大学の吉本高志総長の司会で日本側の報告が行われ、東北大学のことが紹介され、ついで私が法人化した具体的な例として京都大学の状況を簡単に報告しました。日本は、千数百年前、大学や博士の制度を中国から学んだ歴史を持っています。今回は周教育部長の報告にあるように急速な改革を進める中国に学ぶ機会が得られ、大変感銘を受けます、と始めました。私は、特に日中国交回復直後から、学術の日中交流は精力的に進められたと述べ、第三回日中大学長会議に出席できて、大変うれしく思うとして、近藤審議官、小野理事長の報告を受けて、一つの大学の立場からとらえた国立大学法人化の状況を紹介しました。

一八七七年の帝国大学の設立、一八九七年の京都帝国大学の設立が、近代の国立大学の歴史にあります。太平洋戦争のあと、二〇世紀半ばの大改革で新制大学の制度が導入されました。その後の大改革が今回の国立大学法人化です。その内容はすでに報告されましたが、その流れの中で京都大学を例として具体的な話をしました。

百年の歴史を持つ国立大学の制度改革は、大学の総力をあげて取り組むことを求められる、大変な努力を必要とする改革です。

また、競争的資金に関しては、校費の教官当たり積算校費の配分、科学研究費などの個人やグループの間の競争資金、二一世紀COEプログラムによる大学間の競争という流れの意味を考える必要があるということも話しました。

最後は中国からの留学生が多く日本に学んでいるが、相互に質の高い留学生の交換をくわだてることを、私も望んでいますと結びました。

教職員の給料、学長の人事権、授業料の決定、学長選考の方法などについてたくさんの質問がありました。佐々木総長から中国側への質問が出され、留学生の交換についての制度の議論になり、学位制度などのことについて白井克彦早稲田大学総長からも考え方が紹介されました。潘雲鶴学長からは専門科目に関する問題が出され、文理融合や専門の変更の制度のことに関して意見が出されました。

役員会の構成はどのようになっているか。経費の問題で寄附は税制の改革が必要だが、どのように考えられているか。教職員は非公務員になったが、文部科学省との関係はどうなるのか。教員の任期は六年の評価でどうなるか。基礎研究はどう評価するか。中国側からの質問はたいへん具体的でした。

近藤審議官から、簡単に答えがありましたが、特に税制上の優遇措置が大切という点については引き続き改革していきたいと言われました。人事の問題は頭の痛い問題であり、人事交流をどうしていくかは時間をかけて解決していくことであるという説明が行われました。

昼休みには、北京大学電視台（テレビ局）の劉星さんのインタビューと、中国教育報の唐景莉さんの取材を受けました。また昼食のテーブルでは中日友好協会理事の林佐平さんと国際交流の話をしました。

午後のセッションでは、まず顧秉林清華大学長が、英語による授業や授業料、単位、学位などを検討したいと発言されました。また、二一世紀ＣＯＥプログラムを共同で進めたいとも提案されました。南京大学は、一九九四年に「中国二一一プロジェクト」の対象大学に選定され、現在、日本の二一大学と交流協定を結んでいるそうです。中国の東北大学の赫冀成学長が、日本の東北大学との全面的交流を報告しました。

私は、国際化のために英語で教育する計画についてその重要性を認めつつも、一方で、我が国と中国が、生物、医学、地学などの分野で一〇〇年以上、共通の用語を交換してきたことを挙げ、漢字文化を育てることを考える必要もある、との意見を述べました。この意見には多くの賛同者がありました。

宮原秀夫大阪大学総長の司会で、梶山千里九州大学総長が発言され、九州芸術工科大学との合併による総合科学と感性の融合の報告がありました。安西祐一郎慶應義塾長の代理で田中俊郎常務理事、候自南開大学新学長、平野真一名古屋大学総長、謝縄武上海交通大学学長、白井克彦早稲田大学総長たちがさまざまの面から発言されました。大西仁東北大学副学長からは、この日中学長会議のメンバー大学間の協力について、標準化する努力をして、重複している労力を効率化してはどうかという意見が述べられました。宮原総長は言語とともに、奨学金と入試の制度を整備する必要があると述べられました。英語で授業をする学部を作った早稲田大学でも、新しい経験をしています。アメリカで中国人が授業を受けるのと、日本で英語の授業を受けるのとでは、文化という面で同じではないという見解を紹介されました。

最後のセッションでも議論が続き、謝学長は、学長の交流も大切だが、それが作った道に沿って研究者が交流することがさらに大切だと述べられました。平野総長は、名古屋大学の発展を力強く紹介されました。白井総長は、一つの大学の一つの学部で教育を受けただけでは、これからの国際社会では十分には活躍できないであろうと言われました。北京大学・早稲田大学共同教育科研連合センターで、共同研究事業と教育事業を行うそうです。早稲田大学から中国に留学を希望する学生が急速に増えているということです。また、蘇州市と早稲田大学との協定で、連携を進めていく計画であるという話をされました。

鷲田清一大阪大学副学長は、競争も大切だが、協調も必要だという意見を述べられました。それに賛成して、朱清時中国科技大学長は、東洋の文化の大切さ、多様な文化の重要性を紹介しました。その例として安徽省の民家の智恵を紹介し、アジアの文化の長所を、持続可能な社会のために考えたいといい、欧米の考え方にある、意に反する者は排除するという思想とは異なる考え方もあるという意見を述べられました。

まとめのセッションで、佐々木総長と許学長とがしめくくりました。とくに佐々木総長は、留学生の質を高めることに熱心な議論があったことを強調し、大使館も含めて国費留学生のことも考える必要があると述べられました。また東アジアが持つ文化的、人文的社会認識を持って、東アジアを深く理解する人材の育成が必要と述べられました。中国教育部の章新勝副部長が閉幕の挨拶をして会議は終了しました。

会議の後、私は、八月三日には清華大学を訪問し、数百年前のすばらしい古建築にある顧学長の執務室を見せていただきました。長い歴史を感じさせる建物でした。物理学教室の玄関には後漢の時代の張衡の名がありました。学生寮の大団地には圧倒されました。

上海に移動して、四日には復旦大学にある京都大学の上海研究中心を訪問し、百周年の記念日に向かって、すさまじいまでのビル建築ラッシュの大学構内を案内していただきました。上海中心の曽憲明さん、北野尚宏さん、復旦大学日本研究中心の載暁芙さん、潘勇明さん、それにずっと同行した山本裕美教授に、さまざまなことを教えていただきました。とくに復旦大学党副書記の燕爽さんからは、力強い説明を聞きました。若さにあふれる三〇歳代の幹部役員でした。

上海総領事の杉本信行さんの公邸で、京都大学の卒業生たちが、範雲濤さんたちの世話で集まってくださって、私たちの日程が終わるのを夜遅くまで待っていて迎えてくださいました。そこで、最近の京都大学の状況をスライドで紹介し、総領事はじめ皆さんにたいへん喜んでいただき、「琵琶湖周航の歌」を唱って盛り上がりました。

そう言えば、北京の雑誌にも東京大学と早稲田大学と大阪大学の同窓会の広告が出ていました。世界の各地に活躍する卒業生の方たちが、このようにして集まってくださるのをお手伝いするためにも、京都大学同窓会を作らないといけないという思いを強くして帰国しました。

（二〇〇四年八月六日）

3　焼岳の見える村——上宝観測所創立四〇周年——

岐阜県吉城郡上宝村（現在は高山市上宝）役場で開催された防災研究所地震予知研究センター上宝観測所の創立四〇周年記念式典に参加し、祝辞を述べ、記念講演会で「地震火山庁の設置を——地球の中を見る目」と題して話をした。

次の日、理学研究科飛騨天文台を訪問し、太陽や惑星などの観測に昼夜を分かたず活躍する様子を久しぶりに視察した。今では主として太陽に重点を置いて研究していて、この研究成果はいずれ銀河系の研究に活かされることになるであろう。この天文台に最近設置された太陽磁場活動望遠鏡（ＳＭＡＲＴ）は、太陽の全体像をとらえるものとして世界最高の分解能を実現したものである。

上宝観測所四〇周年記念式典に出席して次のように祝辞を述べた。

上宝観測所四〇周年を心からお祝い申し上げます。また、この創立に関わった一人として、上宝村の皆様、小池強村長、下野瞭夫議長はじめ関係の皆様のご協力に、深く感謝いたします。

祝辞の最初に短歌を一つ紹介します。

撃たれたる熊が谷間に落ちゆきし話ののちは吹雪となりぬ　　松田久江（歌集『オー焼岳』より）

これは、上宝村本郷の食堂「まつや」の女将が、上宝村の冬を詠んだ歌です。この食堂には全国から、山登りの人たちや旅行者が訪れ、そして京都大学の教職員、学生たちが、地質調査で、あるいは宇宙や地球の観測で、お世話になってきました。とくに「トンチャン」が名物で、ときには熊の鍋などもありました。沸騰したお湯にササガキごぼうと大根、ジャガイモ、そして熊肉を入れ、あくをすくい、味噌で味付けするだけが熊鍋のコツだそうです。

水芭蕉が熊の好物だということを最近になって知りましたが、技官の細善信さんたちと座禅草をはさんで熊の親子と見つめ合ったこともありました。熊というと上宝、トンチャンというと上宝というように、自然の恵みの味とともに、上宝村大字蔵柱の地球観測のためのトンネル、跡津川断層での微小地震観測というように連想が続きます。自分で設計して、技官や院生の皆さんとともに設置した機器で、初めて地球の自由振動を記録したり、深発地震の長周期波形を観測したのも、この蔵柱のひずみ地震計によるものでした。

飛騨天文台の創立三〇周年を祝ったのが一九九八年でした。地球から近い天体を観測するのに適した、気流の安定した場所が選ばれたのですが、そのときの活動基地も上宝観測所のある場所で、私もそこで天文台の方々の話をよく聞きました。以来、太陽と惑星を主な研究テーマとして飛騨天文台は発展してきました。京都市にある花山天文台とともに一般公開もときどき行われて、たいへん人気があります。

観測所のある上宝村は、明治の頃、上高原郷をもとに命名された村であります。その数一七〇という日本最多の露天風呂が有名で、北アルプスを見渡す自然の景観は他に比べるものがありません。また地学を志す者にとっては、日本最古の化石とか、恐竜の卵とか、多くの魅力を持つ村であります。

私も地殻変動観測所の場所を決めるときに、そのころ上宝村の助役だった吉岡さんにずいぶんお世話になりました。そして結局上宝村には、防災研究所附属災害観測実験センター穂高砂防観測所を含め、京都大学の三つの施設が、相次いでお世話になることになりました。

上宝村で行われるのは観察と観測であり、それらは宇宙を見る目、地球内部を見る目、地球表層を見る目であります。自然を見ることでは、豊かな生態系、更新世上宝火砕流堆積物、大規模な活断層である跡津川断層、飛騨片麻岩、船津花崗岩類、眼球片麻岩とさまざまなものがあり、自然の現象としては、高原川の洪水、焼岳の噴火、融雪による火山泥流、跡津川断層の大地震、斜面崩壊、土石流、雪崩など、さまざまな現象があります。焼岳は、たまたま雲の切れ目から今日も見えていて、噴煙を上げています。大噴火すると火砕流が流れ下ってくる可能性のある火山です。

地球を測るという仕事では、古く紀元前二〇〇〇年頃にエジプトのピラミッドの水準測量が知られており、地球の現象に人が関わる仕事には、中国で夏王禹が黄河の治水に成功したというような歴史があり、その延長上に、この村での研究があるのです。となりの神岡では、東京大学宇宙線研究所神岡宇宙素粒子研究施設スーパーカミオカンデがあり、つくばから神岡へニュートリノを打ち込んで、ニュートリノ振動を検証するK2K実験が計画されています。神岡地下実験施設に設置された低温重力波検出装置では、地下の岩盤で、アームの長さ一〇〇メートルのレーザー光干渉計が設置されており、いずれも京都大学の研究者たちが中心的な役割を担って計画を進めています。

蔵杜の観測用トンネルの場所を決めるのには苦労しました。私が学部を卒業して一年後くらいの時、険しい山谷を登ったり降りたり、大変でしたが、世界でも有数の静かな観測環境が今でも保たれるトンネルが完成したと思っています。

日本はプレートの収束する東アジアの中にあって、大地震や噴火や津波を起こしながら成長する列島にできた国です。その変動帯の文化を持つ日本の地球科学を支え、日本人の悲願でもある地震予知の研究を進めるために、上宝観測所はその中心的役割を果たす場所です。上宝観測所が今後ますます発展するよう期待し、皆さまのご支援とご協力をお願いして、私の祝辞といたします。ありがとうございました。

（二〇〇四年一〇月一四日）

4 花折断層南部にあって——免震装置の現地説明会——

京都帝国大学が設置されたのは、一八九七年です。政治にとらわれない自由な天地で、真理を探求し学問を研鑽する学府をつくり出そうという意図でした。

その京都帝国大学で、必要であるとして地震学を導入したのは、第三代総長の菊池大麓でありました。一九〇九年（明治四二）年に、志田順《とし》（一八七六〜一九三六）が京都帝国大学理工科大学の物理学講座に着任し、一九一三（大正二）年に物理学第一講座担任教授となり、一九一八年には地球物理学講座担任となりました。理学部地球物理学科は一九二〇年に独立の学科となりました。

一九〇二（明治三五）年に地磁気国際同時観測が行われたとき、京都市の上賀茂に観測所が設置されて一年間使用され、その後そのまま放置されていましたが、京都へ着任した志田は、まずこの建物を修理して使うことにし、そこにドイツ製の水平振り子の傾斜計とウィーヘルト式地震計を東京帝国大学から借りて設置しました。今もある上賀茂地学観測所であります。

志田は、地球潮汐の記録から地球表層の剛性率を求める研究を行い、地震のP波初動の地理的分布を調べた結果、P波初動に「押し波」と「引き波」があって四象限に分布することを発見し、また、一九二六年には「深発地震存在の提唱」と題して別府で講演しました。

志田は、また関西の財界や行政の有力者を説いて寄附を集め、地球物理学講座を新設し、さらに別府に地球物理研究所を設立し、さらに一九三〇（昭和五）年に、阿武山地震観測所を設立しました。

京都大学は、創立期から島津製作所と産学連携を行い、戦後すぐに学生のベンチャー起業の草分けとして堀場製作所があり、というようにいつも話していますが、寄附講座もこのように、実は二〇世紀の初頭から置いたという歴史が、京都大学にはあるのです。

一方、この時計台は、建築学科の初代教授であった武田五一が設計し、一九二五（大正一四）年に完成しました。武田五一は、他にも同志社女子大学の栄光館や京都市役所本庁舎などを設計しました。時計台の完成した年は、一九二三年の関東大震災からすぐの年であります。

そして、一九九七年の京都大学創立一〇〇周年を記念して、多くの企業や個人、卒業生のご協力の賜物として改修工事が行われ、この京都大学百周年時計台記念館が誕生しました。

また、一九九七年三月に竣工した、ベンチャー・ビジネス・ラボラトリーのビルに設置されている免震装置は、国立大学の研究棟として最初の免震構造を採用したことで、建築学の面からも注目を集めています。ビルの内外に振動計を多数設置して、免震効果の研究を行っています。一九九五年の阪神・淡路大震災のとき、研究機関に多くの被害があったのですが、その状況は、日本学術会議の阪神・淡路大震災調査特別委員会によって報告されています。

さて、花折断層は京都市の東部から滋賀県北西部にかけて、四五キロメートルほどの長さを持つ活断層です。地形学的、あるいは地質学的研究により、この断層は右横ずれの変位成分を持つことがわかっています。花折断層のトレンチ発掘調査のときの断面の実物が、京都大学総合博物館の入り口に展示されています。

花折断層の北部は、一六六二（寛文二）年に活動して大地震を起こした可能性が高いのですが、断層の南部での最新活動時期は、総合博物館にある地層からの判断で、縄文時代後期（約三五〇〇年前）以降と判明しております。京都大学の石田志朗さんの研究では、京都市北白川上終町では、二五〇〇年前の腐植層を切る花折断層が、古墳時代後期から平安時代初期と推定される土層に覆われていたと報告されており、花折断層の活動履歴は南部と北部で異なる可能性が高いことが明らかになっています。

京都大学では、理論科学の手法で、実験科学の手法で、また野外科学の手法で、地震の研究を進めます。単に保存したい歴史的建造物に免震装置を導入するだけでなく、近い将来の活断層性地震や、南海トラフの巨大地震のとき、大地がどのように動き、この時計台がどのように動くかを記録し、解析して、世界の財産にしていくのが、京都大学の地球科学や地震工学の分野の使命だと心得て、今日の見学会を有意義にすごしていただきたいと思います。

たくさんの方々のご参加、ありがとうございました。また、この機会を準備してくださった入倉孝次郎理事をはじめ、ご関係の皆さまに深くお礼を申し上げます。ありがとうございました。

（二〇〇五年六月二〇日）

5　岩盤の街で——日本・スウェーデン学長会議

相澤益男東京工業大学学長を団長として、日本の一八大学の学長や副学長がスウェーデンを訪問した。日本側は日本学術振興会が窓口であり、スウェーデン側は、スウェーデン研究教育国際協力財団の世話によって具体化した。

以下は、公式の報告ではなく、会議の内容以外のことを中心とした私の旅行記である。

一〇月一七日（月曜日）

ロンドン・ヒースロー空港で乗り換えたが、ブリティッシュエアウェイの便が四時間遅れて出発した。ストックホルムとウプサラの中間にあるアーランダ空港には午前一時頃に着いて、空港には人がいなかった。自動交換機でお金を交換して、寒い中タクシーを待って乗った。宿に着いたのは夜中の二時すぎだったが、大使館の高谷一等書記官が迎えてくださった。

一〇月一八日（火曜日）

王立科学アカデミーにあるリンネホールでセミナーが行われた。ウプサラ大学学長のスンドクビスト博士と王立科学アカデミーのリンドステン博士から挨拶があった。

シャルマール大学のスンドグレン学長と私とが、「大学の戦略」というテーマで話題提供して討論した。私は京都大学の現状と施策を話して多くの方から好評をいただいた。持続可能な社会の実現を議論したが、私は持続可能性の定義を深める議論をすべきだと主張した。

夜は、ノーベル博物館でリンドクビスト館長招待の夕食会があった。博物館の展示の中では、アインシュタインがノーベル賞に決定されるまでの歴史が詳しく説明され、関連の書類などが見られるようにしてあるのがよかった。また、相対性理論などの説明を動画で示してあった。ノーベル賞はスウェーデンの文化である。それを具体的に世界からの観光客に見せている。

ストックホルムの町中の至る所に岩盤が見える。ダイナマイトの発明とノーベル賞が生まれた必然的な背景を見る思いである。

一〇月一九日（水曜日）

王立工科大学ではいくつかの大学の学長さんたちから説明があった。

日本学術振興会招待の昼食をハガフォーラムでいただいた。王立工科大学の学長とカロリンスカ研究所の学長とが向かいに座ってくれた。この場所は昔は国王が農地へ行くときに使った場所だという。

シャルマール大学の学長顧問が学術交流を望むと私に申し入れたので検討を約束した。

カロリンスカ研究所のハリエット・ウォルベルク・ヘンリクソン学長がノーベル生理学・医学賞を決定する円卓に迎えてくれて、カロリンスカ研究所の研究内容を説明した。利根川進さんを覚えているというので、彼は私のクラスメイトですと言うと、大変喜んでくれた。スウェーデンには女性の学長さんが多い。カロリンスカ研究所は北欧で最大の医科学大学であるという。

再び王立工科大学を訪問して、フロストレム学長との間で大学間交流協定に署名して交換した。日本語を教えている先生が日本からの留学生を歓迎したいと話した。来年の一月には学生を募集するので、手続きが間に合うといいという。国際交流オフィスのスタッフは親切で丁寧な女性である。

大塚清一郎在スウェーデン日本大使が公邸に招待してくださった。高校二年の息子さんと父子のバグパイプの演奏がすばらしかった。

一〇月二〇日（木曜日）

ストックホルムからバスでウプサラへ移動した。霧の中である。まず、スウェーデン農科学大学を訪問した。学長から全般の説明を聞き、教授から研究成果の説明を受けた。話題はテンペ（インドネシア語で納豆のこと）のことに及び、インドネシアの乾燥したテンペは私も大好きで、二一世紀の重要な食料になると賛成した。

ウプサラ大学は広大で美しいキャンパスの中にある。というよりも大学がウプサラの街そのものである。一四七七年に創立された伝統のある大きな大学である。広大なキャンパスの中の木々は黄葉を始めたところで、木の葉がたくさん落ちている。その中を自転車で学生がゆっくりと行き来する。

オングストローム研究所のカールソン教授は静かに話すが、内容がすごい。大規模な研究所は共同利用になっていて、かなり規模の大きなクリーンルームの研究室を窓から見学した。

大学のさまざまな研究室で話を聞いたが、ジェンダー研究所のファルグレン教授から、議論の中で、京都大学ではどのようなジェンダー教育が行われているかと聞かれて、たいへん困った。

ウプサラ大学で開催中のヨーロッパ大学連合の学長会議に出席した。

夕食会と音楽会が大学ホールで行われた。スンドクビスト学長とホールの階段で出会ったが、気がついたら私が二段上に立って握手していた。二階の各部屋はそれぞれの学部の教授会を開く部屋になっていて、歴代の偉人たちの油絵が壁一杯に並んでいる。C・P・チュンベルクの肖像があった。この大学は日本の植物の標本を持っているというが、江戸時代にはオランダ人のシーボルトとちがって持ち出しの許可がなくて苦労したという話を初めて聞いた。

夕食のブッフェを楽しんだが、バイキング形式がうまくできていて、さすがにバイキングの国である。

一〇月二一日（金曜日）

ホテルウプサラは部屋が広くて、床も家具も白木の集成材で仕上げてあり、気持ちの良いホテルである。この土地の出身で世界的に知られているリンネを記念する植物園を見学した。資料館は一〇月から春まで閉まっているが、一二〇〇種の植物を栽培する園内は自由に散策できるように市民に開放されている。京都大学にもぜひこのような場所がほしいとつくづく感じながら歩いた。立て札にはときどき真っ赤な札があり、毒性があって触るなという表示もあったが、学名と現物を比べながら写真を撮った。日本で見るものでも、少しずつちがっている。ＥＵのセッションでは、「財政支援システム——変動と挑戦」があり、大学のための予算確保についてフォードの役員ほかのスピーチがあった。

川沿いに広場があり、そこに店を出している茸売りが、土曜日には自由市が立つと教えてくれた。ウプサラ大学の財産はたくさんあるが、博物館には歴史に残る財宝が飾られている。

一六六二年にできた解剖教室や、大教会の中も詳しくガイドしてくれた。大学事務局にそれぞれ専門のガイドがいる。知識が幅広く詳しい。教会の床下には多くの偉人が眠っている。入り口からすぐの左側にリンネ家が埋葬されている。床に大きな文字がある。

植物学博物館には江戸時代の日本から持ち帰った標本がある。一七八四年に出版された分類学の本もある。標本は二〇〇年以上、丁寧に保存されていて、傷みがない。そのＤＮＡが現代の科学に活用される。ここでは博物学の重要性が認識されている。大学の変わってはいけない面の一つだと思う。この大学の博物館と、九〇〇〇種を育てている植物園がその重要性を世界から来る専門家と市民に示している。

夜の宴は古城の大ホールで、二〇時から二三時まで着席で開かれた。八〇〇人ほどの出席であった。ウプサラ大学の学長が歓迎のスピーチをした。ときどき男声コーラスが乾杯の音頭をとった。

一〇月二二日（土曜日）

初めて雨降りだった。ウプサラの人に聞くと、一〇月の後半で今週のように晴天が続いたのは珍しいという。いつもは今日のように曇天と小雨が続くという。小雨が降っていても、誰も、乳母車の子どもでさえ傘をさしていない。小雨が降っていても広場へ行くと朝市が出ていた。昨日知り合った茸売りがきれいな英語で声をかけてくれた。

帰国のフライトは、フィンエアとブリティッシュエアウェイとの共同運行で、アーランド空港では第二ターミナルだった。

一〇月二三日（日曜日）

順調に関西国際空港に着いた。淡路島の活断層地形がきれいに見えていた。安定大陸の岩盤の国から、また変動帯の国に帰った実感である。

（二〇〇五年一〇月一七日～二三日）

6　ネオ西山文化――桂キャンパスを舞台として――

京都市立芸術大学の主催で、二〇〇六年一〇月六日、「芸術がデザインする平和のかたち」と題する国際シンポジウムが開かれました。作家のリービ英雄さんの基調講演を受けて、京都市立芸術大学長の中西進さん、国際日本文化研究センター長の片倉もとこさん、リービ英雄さん、それに私が壇上に並んで議論しました。

リービ英雄さんの基調講演での話の中心は、二つの旅のことでした。一つは中国河南省の開封の町で見た一〇〇〇年前のユダヤ教会の井戸の話から、それもたいへん詳しい話から始まりました。もう一つの旅は、九・一一の事件のとき、ニューヨークへの途中、バンクーバーで足止めされてテレビ画像を見たときに思ったことをくわしく語られました。話の基調は「越境」であったかと思います。

私は、日本での広島の日、長崎の日、東京大空襲の日、阪神大震災の日のことを話し、九・一一と同じように、認識を共有して課題としていくことの大切さを話しました。スライドで、京都大学の旧総長室にある須田国太郎画伯の「学徒出陣」の絵を見せました。一九四三年一一月二〇日、羽田亨総長はグラウンドでの出陣学徒壮行式で、「諸君、行き給え。しこうして帰り給え。大学は門を開いて諸君を待っている」

と述べたことを紹介しました。

また、平和を語る絵としてピカソの「ゲルニカ」のことを話しました。二〇〇三年二月五日にパウエル米国国務長官が国連本部で記者会見したとき、背景の位置にある「ゲルニカ」のタピストリーを隠して話したことから、その絵がいかに強く平和を表現しているかがわかります。絵は戦争を描いて平和を語り、音楽は、例えばカザルスが一九七一年にニューヨークの国連本部で演奏した「鳥の歌」のように、平和を描いて平和を語る、と話しました。

このシンポジウムの内容は、一〇月一四日の朝日新聞に、たっぷり一ページを占める記事として紹介されました。大阪本社の朝日新聞ですが、たぶん東京本社の朝日新聞には載らなかったと思います。

ついでながら、朝日新聞大阪本社の幹部の方たちが私の以前からの申し入れを検討してくださって、この記事では私の肩書きを、今までの「学長」から「総長」としてくださいました。京都大学は、「国立大学法人京都大学の組織に関する規程」の第二条に、「国立大学法人京都大学（以下「法人」という。）に、学長として総長を置く」と定めていることを尊重してくださったのです。

中西学長は、このシンポジウムで、「ネオ西山文化」という考えのことを話されました。いくつもの学術と芸術の中心的組織が連携して、西山から新しい文化が生まれるといいなあという期待があります。

昔、応永四年（一三九七年）、足利義満が、西園寺公経の山荘の跡に「北山殿」を設営しました。それが「北山文化」の始まりだとすれば、それからちょうど五〇〇年経って公経の子孫である西園寺公望の努力で、一八九七年、京都大学が設置されました。

話はさかのぼりますが、その京都大学の桂キャンパスから、今度は「西山文化」を発信しようと私が呼びかける契機となったのは、京都市立芸術大学大学院の中岡真珠美さんが描いた一枚の絵でした。二〇〇四年二月九日に、絵を寄附してくださった中岡真珠美さんに、時計台記念館で感謝状をお渡ししました。そして六月二四日、中西学長を時計台にお招きして、時計台サロンに飾ったその絵を紹介し、両大学間の交流を進めることを提案しました。

二〇〇四年一一月二八日には、「西山祭典二〇〇四」の「たそがれコンサート」が桂の研究成果活用プラザ京都で開催され、交流パーティが桂ラウンジで開かれました。京都大学の人たちも、国際日本文化研究センターの人たちも、京都市立芸術大学の人たちも、また、京都の他の大学の人たちも、また、外国から来た学生たちも、京都の市民も、たくさんの人たちが、この祭典にいろいろの形で参加していました。

二〇〇五年一〇月二九日、京都文化会議の席で、片倉もとこさんに西山文化の話をしたら、たいへん関心を示してくださいました。

「京都ネオ西山文化フォーラム新文化創成シンポジウムと五山送り火鑑賞会」という催しが、二〇〇六年八月一六日の一六時から、京都大学桂キャンパスのローム記念館で行われました。ローム記念館の屋上から大文字の送り火を鑑賞するため、地元の市民の方たちもたくさん参加して下さいました。

もうすぐ、第二回京都ネオ西山文化フォーラムが開催されるよう計画されています。テーマは「竹の魅力、その未来」、主催は京都Ｎｅｏ西山文化プロジェクト、場所は京都大学桂ローム記念館三階セミナー室です。

プログラムには、「里山として見る西山の竹林」（京都大学大学院地球環境学堂助教授の柴田昌三さん）、「素材開発・製品展開としての竹とその可能性」（株式会社アウラ代表の野々村道信さん）などが含まれています。

西山の地下構造を初めて詳しく見たのは、二〇〇〇年二月一八日、京都市消防局の建物の一階に新しく完成した防災対策室の統制室でした。京都市地下構造調査委員会が開催され、この日、東西方向に京都盆地を切る断面図を、はじめて委員会の席で見ることになったのです。東西断面をしばらくじっと見ていると、いろいろのことが見えてきました。樫原《かたぎはら》断層は西山の山体が京都盆地にのし上がるような逆断層運動でできたものと確認できました。樫原断層の東、つまり京都盆地の地下には、水平に近い地層が何枚も見えましたが、大阪とは違って波打っていました。

このような調査が進んだお陰で、京都盆地の堆積層には豊富に地下水が含まれ、それが京都の時代ごとの文化を支えてきたのだということを、はっきり話すことができるようになりました。

今、その西山の地に、学術のグループを中心として新しい「西山文化」が生まれようとしています。それは、さまざまの専門分野のグループが、それぞれの考えに基づいて、お互いに呼び掛け合いながら生まれようとしているように、私には見えます。やがて一〇〇年、あるいは二〇〇年後に、西山文化が語り継がれるようになればと、私は今、時間があるかぎり足を運んで、それらのグループが企画する催しに参加したいと思っています。

（二〇〇六年一〇月二七日）

7 荒野をひらく力——湯川・朝永生誕一〇〇年記念シンポジウム——

朝日新聞・京都大学主催、湯川秀樹・朝永振一郎生誕一〇〇年記念シンポジウム『「知」に挑む——荒野をひらく力』の開催に際し一言ご挨拶を述べさせていただきます。

朝永振一郎博士は今年の去る三月三一日が、湯川秀樹博士は来年二〇〇七年一月二三日が、それぞれ生誕百年にあたります。日本のノーベル賞受賞の第一号と第二号の湯川・朝永両博士をわが京都大学が輩出したということは、京都大学の誇りとするところであります。京都大学では、この二〇〇六年度を両博士の「生誕百年の記念年度」と定め、お二人を育んだ大学として、両博士を顕彰すると共に、その事蹟を広く市民の皆さんに知ってもらうべくいろいろな記念事業を行なっております。

すでに、その第一弾の企画として、去る三月二六日から五月七日まで東京上野の国立科学博物館におきまして、湯川・朝永生誕百年記念展を両先生ゆかりの筑波大学、大阪大学と共同して開催いたしました。幸い、この企画展の反響は予想を超えるもので、科学技術担当大臣の来館もあり、入場者数は四三日間の全会期で最終的に四万一〇〇〇人を数えました。今さらながら、日本における両博士の存在の大きさを知る思いが致します。

本学におきましても先月一〇月四日から明年一月二八日までほぼ四か月間、総合博物館で記念展を開催しています。ぜひご覧いただきたく存じます。

本日のシンポジウムもこの記念事業の一環として、朝日新聞社と京都大学の共催で企画するものです。テーマは『「知」に挑む――荒野をひらく力』ですが、両博士の生き方は実にこのタイトルの実践でありました。

お二人の京都大学入学は一九二六年ですが、それは物理学でまさにニュートン以来の大革命が起こっていた時です。一九二五年にはハイゼンベルクが行列力学を、一九二六年にはシュレーディンガーが波動力学を、それぞれ発表し、量子力学というミクロの世界のまったく新しい力学理論が確立される時でした。彼らは、近くにその新しい物理学を理解する先生もおらず、まとまった教科書もまったくない中、自分たちみずから、ヨーロッパから直接、文献や学術雑誌を、探し、選び、自学自習して、取り組んだのです。

一九二九年に卒業してからも彼らは無給の副手として大学に残り、「遅れたかも知れない」という焦りを感じながらも研鑽を積みます。驚くべきことに、まもなく彼らは物理学の世界の最先端に追いつき、一九三二年に発見された中性子と陽子からなる、原子核の世界、一センチの一億分の一の原子よりもさらに一〇万倍小さな原子核の世界の解明に果敢に挑戦を開始するわけです。

そして湯川博士は早くも一九三四年には、原子核の強い力の起源として中間子の存在を予言する、後にノーベル賞を受賞する論文を発表しました。また一方、この論文成立にも大きな助けをした朝永博士は、中間子論の研究の中から、場の理論の無限大を生ずる困難を終戦直後に解決して、電子と電磁場の精密科学としての量子電磁気学を完成させました。素粒子世界の力の起源の解答として「標準模型」が確立した現在から振り返りますと、素粒子論という新しい分野を湯川博士が切り拓き、朝永博士が、その最終解答を与えるための決定的な仕事をした、ということができます。

このように両博士が大学で誰の指導も受けず、ほとんど自分たちだけで切磋琢磨したということを強調しますと、京都大学が「両博士を輩出した」という際に何を誇れるのか、という点が疑問です。玉城嘉十郎教授が、「自分は量子力学はわからないが、それを自由に研究してよろしい」と言って無給副手として研究室に居場所を与えたことが、京都大学の自由の学風の寄与でしょうか。この点は大学のあり方に関わる重要な問題で、今日も話題の一つになるものと思います。

このように両博士は専門の研究の面で果敢な挑戦をし、見事に新しい分野を切り拓いたわけですが、両博士の挑戦は、単に研究だけにはとどまりませんでした。両博士はあい協力して、国民の負託から逃げることなく、戦後の研究体制の構築ならびに教育、文化、平和の国民的課題に積極的に活躍されたのであります。原子核エネルギーの利用が先ず原子爆弾によって実現され、冷戦下で核兵器の開発・実験が盛んに行われるという人類存亡に関わる事態の中で、ラッセル・アインシュタイン宣言への署名、パグウォッシュ会議への参加、一九六二年の第一回科学者京都会議などを通して、原子力の平和利用への世論形成に大きく寄与されました。非核三原則を見直すような発言をする政治家がいる今の時代にこそ、両博士の精神を思い起こさなければならないと思います。また、湯川博士のノーベル賞受賞を記念した基礎物理学研究所の発足に際しては、朝永博士らの努力により、全国共同利用研究所という全く新しい学術体制が作られました。この日本で初めての全国共同利用研究所の発足には、時の鳥養利三郎総長の、「大学の自治」との形式的な矛盾を乗り越える英断と慧眼があって初めて可能だったことも、京都大学としては思い起こしておきたいと思います。

このように両博士は、挑戦の精神でもって専門分野のみならず、まことに見事な人生を描かれたのであります。また、三高、京大時代の同級生を初めとして両博士の周りの多士済々にも驚きますが、それについては、時計台のサロンで展示しておりますので、ご覧になってください。今日のシンポジウムにも、京都大学にゆかりの多士済々の方々にお集まりいただき、『「知」に挑む――荒野をひらく力』というテーマでお話を伺う予定になっております。どんなお話が出るのか大変楽しみです。湯川・朝永両博士の事蹟と精神に思いを致しながら、本日の講演や討論をお聞きいただければ、今日の大学のあり方から、人間の生き方までも、あらためて考えるヒントが多くあるものと思います。

お楽しみいただければ幸いです。

（この文章は、佐藤文隆博士のご指導によるものです）

（二〇〇六年一一月四日）

8 「こもも」という名の部屋——女性研究者支援センター病児保育室設置記念——

皆さん、おはようございます。たくさんの方に集まっていただいて、ありがとうございます。

昨年、二〇〇六年九月五日に、本学は女性研究者支援センターを設置いたしましたが、その事業の一つとして、病児保育室を設置することが予定されていました。このたび、学内関係者のご努力によって開室にこぎつけることができました。

この病児保育室の設置は、京都大学の長年の念願が、文部科学省科学技術振興調整費の助成を受けることによって実現したものですが、医学部附属病院からのスペースのご提供と、設置に当たっての種々のご努力のお陰でもあり、この場を借りて、皆さまに深く感謝申しあげます。

本学には約三〇〇〇人の教員がおりますが、そのうち女性教員は約二〇〇人、女子院生は約二二〇〇人おります。この人達が、結婚して出産する時に最初にぶつかる問題は、子どもを預ける保育園の問題です。保育園は途中入園が困難なので、四月までみなさん子どもを預ける場所には苦労されています。

運良く保育園に子どもを預けることができた場合も、子どもが病気になった時は、保育園には行くことができません。しかし、研究・教育・医療は子どもが病気だからといってやめるわけには参りません。授業を待っている学生がいますし、研究で動物を扱っている人たちは毎日観察・実験・飼育をしなければなりません。機器を予約して実験している人は、それをキャンセルすれば、次は一年後という場合もあるわけです。病院で診察をされている医師の方々は、人命に関わることなので、もちろん休むわけにはいきません。理論的な研究をしている人は、いいかというとそうではありません。研究はある意味で競争なので、論文を投稿した場合は受理年月日が非常に重要となってきます。受理が早い方にプライオリティがあるわけです。

こういった問題は、女性研究者に特有なことではなく、もちろん男性研究者も職員も、子どもを持っている人にとっては共通のことで、働き学ぶものにとって病児保育室の開室は長年の強い念願でありました。

本日、ここに開室した病児保育室は、原則として本学の女性の教職員及び学生が利用できると内規には書いてあります。これは、女性研究者支援センターの事業であり、京都大学としても初めての試みなので、まずここから始めてみようということです。運用を始めて、今後どのような需要があるかを見て、大学としては将来の方向を考えていこうという所存です。

この部屋の名は公募によって決めました。「こもも」というかわいい名を提案していただいて、ありがとうございました。病児保育室開室に当たりご協力くださいました関係各位、ならびに本日ご参加のみなさまにお礼を申し上げますとともに、今後とも皆さまのご支援をお願いして、病児保育室発足に当たっての私のご挨拶とさせていただきます。ありがとうございました。

（二〇〇七年二月五日）

9　石油と砂漠の国――キング・ファハド石油鉱物資源大学の会議――

三月九日（金曜日）

会議の報告は、キング・ファハド石油鉱物資源大学から出るであろうから、この文章はそれ以外の私の旅行記である。

二〇〇七年三月九日、関西国際空港を二三時一五分に出発するＥＫ三一七便に乗った。ドバイでＥＫ八三七便に乗り継いでバーレーンへ向かう。ＥＫ（エミレーツ航空）はアラブ首長国連邦最大の都市であるドバイをベースにして、四七か国六七都市に就航している航空会社で、特にファーストクラスのサービスが有名である。

今回の旅行は、サウジアラビアのダーランにあるＫＦＵＰＭ（キング・ファハド石油鉱物資源大学）に招かれて、この大学のＩＡＢ（国際アドバイザリーボード）のメンバーとして会議に出席するためである。バーレーンでは、ＫＦＵＰＭのマンスール博士が出迎えてくれる予定で、大学の車で橋を渡ってサウジアラビアに入国するように手配ができているはずである。

日本とサウジアラビアの時差は六時間で、目的地に着くのは一〇日の一〇時過ぎという予定表をもらっているので、大阪を離陸して約一七時間の旅程が間もなく始まる。そう思いながら、この文章を書き始めたが、日頃の激務とドンペリニオンのホワイトのおかげですぐ眠くなって、座席を完全なフラットにして眠りについた。

三月一〇日（土曜日）

一夜明けて、ドバイには五時に着いた。ドバイと日本の時差は五時間である。ＥＫの飛行機がたくさん駐機している大きな国際空港である。

乗り継ぎの客が長い列を作るロビーで、京都大学防災研究所の教授に出会った。学生を連れて海外調査だという。安全検査のゲートを通過するのにベルトをはずしてやり直したが、あとは順調に免税店の大混雑の間を通ってラウンジに座った。ここは金のアクセサリーが有名で円形の売り場は人だかりである。上着を着ていると暑い。このラウンジは飲み物も食べ物も種類が豊かで、さまざまの国の客が楽しんでいる。

今度は八時三〇分発のＥＫ八三七便で、ドバイから針路を西北西にとってバーレーンへ向かう。太陽が昇ってくると暑い。約三〇分遅れて離陸し、急上昇してすぐ海に出た。また朝食をすすめられるが、せっかくだけれども、さっき食べたばかりだからと断った。

一面に砂ぼこりのようにかすんだ上の青空に、月齢二〇くらいの月がくっきりと浮かんでいる。海にはところどころ、丸い形に砂州ができている。船も見えるが浅瀬を避けて航行しているのであろう。飛行機が着陸態勢になると、左下に一面の砂漠の景色が見えてきた。私にとっては初めてのアラビア半島である。海はエメラルド色で、風のない小ジワの海面が見える。

予定より一時間近く遅れて到着した。バーレーンのビザを六ドルで買って入国した。バーレーンから大学の車である。マンスール博士は、筑波大学で学位を取ったという。橋を渡ると近代都市の始まりである。また、橋を渡る。浅瀬の海の中に長い道が一本走っている。植物のない天橋立のような土地である。

国境の検問所で出国手続きをして、次の検問所ですぐ入国手続きである。税関の役人が車のトランクも開けて見る。また橋を渡る。近代都市が近づいてきた。そのまま大学の本部棟へ着いた。

広大な敷地に植樹も建物の建設も盛んで、皆工事中である。今日の一〇時からの開会式には間に合わなかった。議長の選出を終えて、ちょうど会場から出てきたメンバーに玄関で出会い、一人ひとりに挨拶した。たくさんのスタッフが取り巻いてくるが、皆白い服で同じに見える。

キャンパスの中を見学した。研究室ではもちろん石油の研究が盛んである。学生実験の設備も整っている。英語の講義の様子も見た。電子回路を学んでいた。

構内には学生寮が急ピッチで建てられている。広々とした庭のある住宅が職員宿舎だという。団地の一角にはモスクがある。ショッピングセンターがあり、紀伊國屋書店がある。夜間照明のあるスタジアムがあり、そこで卒業式も行う。屋根はないが雨が降るという心配はほとんどないそうだ。ホテルに一度帰って夕食に行くという。私はまだチェックインしていない。車が一列に並ぶと、パトカーが先導して町の中をノンストップで走る。パトカーは二台いて、一台が車止めになっている間に交差点を通過する。みごとな技である。

隣の町はアルコバールという。そこにホテル、ルガルフ・メリディアン・アルコバールがある。海岸に接した大きなホテルで、部屋の窓から海が見える。

夕方、一七時四〇分にホテルを出発した。近くのサイテク館へ、またパトカー先導の一列が走る。大きな部屋に集まって、挨拶をして、アラビアコーヒーを飲み、お菓子を摘んでしばらくおしゃべりをする。突然太鼓の音が聞こえる。ホールでダンスが始まった。一群の男たちが太鼓を叩き、もう一群の男たちが大きな剣を上下に振る。それに参加して私も剣を持たせてもらった。

また大きな部屋で、新しく参加してきたたくさんの人たちに挨拶し、アラビアコーヒーを飲みながら、おしゃべりする。今度は館内の見学である。地球の中を覗いたり、物理の学習をしたりして、二〇時すぎになった。また大きな部屋で挨拶して、おしゃべりである。次は何が起こるかを、サウジアラビアは三回目というＩＡＢのメンバーでイギリスから来たトニーに聞いた。

「次は何が起こると思いますか」

「予想は無理だ」

でもこの国の人はとても親切だよ、と彼はつけ加えた。

「食事に行きましょう」

その声が聞こえてきたとき、すでに二一時に近かった。

「朝到着してからずっとで、疲れたでしょう」

私よりかなり年上のヘンリーが労ってくれる。

ホテルに帰ったとき、ロビーで国立シンガポール大学のシー学長が言う。

「明日の朝は六時三〇分に出発だそうだ」

ＩＡＢのメンバーは、四人がサウジアラビア、イギリス一人、フランス一人、アメリカ五人、アジアからはシーさんと私である。部屋に帰ってメールに返事を書いて寝ようとして気がついたら、ドアの下に、明日は六時二五分に出かけるというメッセージが入った。

三月一一日（日曜日）

時差の影響が解消していないのだろうか、四時前に目が覚めてしまった。日本は今は一〇時過ぎで、携帯電話をテストするのにいい時間である。一発でうまくつながった。携帯メールも送った。日の出とともに仕事が始まる。

余裕を持ってロビーに行くと、もう迎えにきている。大学本部の学長室で軽く朝食をとる。すぐに会議が始まる。途中一五分の休憩を取ったが、一一時二〇分まで議論を集中的に行い、この大学の将来のために、いろいろの角度からアドバイスが行われた。

ＫＦＵＰＭの特徴は、教職員も学生も男性だけであること、すべての講義が英語で行われることである。そのために入学前に一年間、英語の特訓がある。授業料は不要で学生に手当が出る。これが国立大学の本来の姿だと私は思っている。ここの場合は王立で、必要な経費は国王が出す。私たちの役目はその資金をどのように有効に使うかを考えることだ。長い目で見て、基礎科学と応用科学の均衡の取れた発展をはかることが何よりも重要だという私の意見に、シュルンベルジェ会長のアンドリューが賛成してくれた。また、男女共学のことが議論された。

議論を議長がまとめて、副議長を決め、次の会議の予定を決めたのち、バスに乗って一一時二〇分に出発し、またパトカーの先導で、ダンマンの空港に向かう。空港では簡単なセキュリティチェックを受けて直接滑走路に出る。小型機が待っていて乗り込むと、ゆったりとした応接セットがある快適な部屋である。

「これはチャーター機ですか」

「いや、私の飛行機です」

ＩＡＢのメンバーの一人が答えた。あいかわらず経済問題の議論をしながら、窓から初めてのアラビア半島の砂漠を見る。一本の道路とさまざまの設備が点在している。ただの砂漠ではなく、人の手がかなり加えられている。リヤドには一時間足らずで着いた。降りたところに車が待っていて、そのまま高速道路を一時間ほど走って大きな門を入り、広々としたアプローチを走って立派な宮殿の階段の下に着いた。国王の宮殿である。

玄関を入ったとたんに、見事な絨毯が敷かれている。美しく飾られた大きな部屋で待つこと数十分、たくさんの人たちがいる部屋に通された。威厳たっぷりのアブドラ国王に迎えられて、一人ひとり挨拶し、しばらく歓迎のお話を拝聴した。議長のマーティンさんが謝辞をのべ私たちの会議の説明をした。

それが終わると、やおら国王が質問した。

「皆がよくナノナノというが、ナノとは何なの?」

「それはこういうことで、大層重要なことです」

議長が説明した。

挨拶して部屋を出て、あらためて大広間の立派な内装に見とれながら玄関に向かった。

また、車でリヤド空港へ向かい、しばし待合室でアラビアコーヒーを味わい、同じ小型機に乗って飛び立った。飛行機がダンマンの空港に着陸するのと、真っ赤な太陽が、砂漠の端に隠れるのとが、まったく同じ時刻となった。こんな経験はまたとないかもしれないと思いながら、シャッターを押した。

部屋に帰ると、大きな荷物が置いてあった。会議の後でいただいた記念品である。開けてみると分解できない大きな置物に私の名が彫り込んであった。ロビーに降りて学生さんたちに助けを頼んだ。やがて大きなカバンにそれが収まって部屋に届けられた。

二〇時にホテルを出た。暗くなった砂漠に縦横のナトリウムランプが並んでいる。

ボーディングパスにプリントしてある二一番ゲートへ行くと長い列ができている。デスクに聞くと、

「エミレーツ航空は二五番です」

かなり歩いてエスカレータで下りて待合室に着いて、席を見つけた。やっと二三時になって、何のアナウンスもなかったが、ゲートに長い列ができ始めた。

「アブダビ、アブダビ」

大声で、さっきの二一番ゲートのスタッフが客を探している。車椅子の方が二五番ゲートに入って行ったので、その後についたら、隣のゲートから入れてもらえた。機内にさっさと座って、人参ジュースをいただいた。女性に出会うのは、まる二日ぶりである。

ドバイ空港の近くには、たくさんのナトリウムランプの直線が交差して一面に輝いている。夜と昼の人工衛星の写真を見て、このあたりの特徴を論じたことがある。

関西国際空港からドバイへの往復は中国の上空を通るコースである。往路はヒマラヤを通る。Ｋ２の上を飛ぶ。帰路も昆明の上空を通り、上海から大阪である。いずれにしても、地形を見ると、変動帯の激しく動く形が見えるはずだが、皆部屋を暗くして寝ているようだ。武漢上空で日本時刻の一五時頃である。個室のテレビで「ガラパゴスの自然」を見て、天井の人工星空を見て休んだ。

大学運営の議論は、経済と制度の話が中心になるが、地球の自然環境のことも、変動帯の大規模現象のことも話題にしたいと思う。しかし、そのような話題を出しても、すぐ石油の価格の話などになってしまう二日間であった。

三月一二日（月曜日）

この会議の件で、京都大学名誉教授の乾智行先生、工学研究科長の西本清一先生に大変お世話になった。また、出発前の旅行の手配やバーレーン到着からダンマン出発まで大歓迎で世話して下さったＫＦＵＰＭの皆さんに感謝しながら、関西国際空港に着いたのは、一六時前であった。すごく寒く感じた。

（二〇〇七年三月九日〜一二日）

10 百合の樹のもとで——医療技術短期大学部閉校式——

京都大学医療技術短期大学部の閉校式に当たりまして、一言ご挨拶を申し上げます。

本日の閉校式に、多くの卒業生や修了生、そして本校の発展を支えてこられました教職員や関係各位の方々のご列席をいただきましたことを厚く御礼申し上げます。

一九七五（昭和五〇）年四月に開設されました医療技術短期大学部は、卒業生三九九七名、修了生六一七名という多くの優れた医療技術者を世に送り出し、本年三月をもって、その三二年の歴史に幕を降ろすこととなりました。

医療技術短期大学部設置の経緯を振り返ってみますと、昭和三〇年代後半から昭和四〇年代にかけて、医療技術は急速に進展、高度化し、医師とともにそれぞれ専門分野を担当する医療技術者の育成とその質的向上が求められるようになりました。医療技術者教育は、それまでの各種学校、専修学校における教育から短期大学教育への移行が検討され始めたのです。

このような社会的要請に対し、当時の文部省は国立大学に医療技術短期大学部を併設する構想を打ち出し、一九六七（昭和四二）年、大阪大学に最初の医療技術短期大学部が設置され、その後に数校設置されることになりました。

そこで、京都大学におきましても岡本道雄総長を中心に医療技術短期大学部設置への機運が高まり、一九七四（昭和四九）年四月には医療技術短期大学部設置準備促進委員会、一九七五（昭和五〇）年二月には、創設準備委員会が設置され、村地孝医学部教授が中心となって具体的な作業が進められました。

一九七五（昭和五〇）年四月、初代学長に岡本総長、また初代主事に村地教授が就任し、看護科（入学定員八〇名）と専攻科助産学特別専攻（入学定員二〇名）が認可され、教授五名、助教授六名、助手二名の陣容で医療技術の知識と技術を教授研究し技術者を育成する新しい教育体制がスタートしたのであります。その後、一九七六（昭和五一）年四月には衛生技術学科（入学定員四〇名）が設置され、また、看護科は看護学科と改称されました。さらに、一九八二（昭和五七）年四月にはリハビリテーション専門職の教育機関として入学定員二〇名の理学療法学科と作業療法学科が新設され、これにより医療技術短期大学部は四学科一専攻科となり、幅広い教育と研究の展開が可能となったわけであります。

医療技術短期大学部は、百合の樹をシンボルとし、その百合の樹の花、葉、幹から連想される奉仕、協調、健康を教育の基本理念として、豊かな人間性と優れた技術と知識を兼ね備えた看護師、助産師、臨床検査技師、理学療法士、作業療法士などの医療技術者を育成してまいりました。

その一方で、医療技術の高度化、疾病構造の複雑化の中で医療技術短期大学部の四年制移行の必要性が高まり、一九八六（昭和六一）年には大塚哲也主事の発議により、四年制化の準備が開始されました。この方針は歴代の主事や部長に引き継がれ、四年制移行に向けた活動は継続され、二〇〇三（平成一五）年一〇月医学部保健学科の設置により、医療技術短期大学部が果たしてきた役割は保健学科に引き継がれることとなりました。百合の樹は成長の早いこと、みごとな花を咲かせることを特長とする木です。そのシンボルの通り、基本理念は発展的に引き継がれるのです。

医学部保健学科は、新しい学問としての「健康科学」を提唱し、医療技術短期大学部の理念と目的をさらに発展させ、高度先進医療を支える優れた医療専門職を養成するとともに人のからだとこころの健康作りを追求してまいります。また、本年四月には大学院医学研究科に医学部保健学科を母体として「人間健康科学系専攻」が設置され、高度先進医療に対応できる、また高齢者から小児までの健康を構築する高度医療専門職の養成を目指して、教育と研究が開始されました。

閉校により、医療技術短期大学部はその役目を終えますが、その精神は医学部保健学科、大学院人間健康科学系専攻へと引き継がれ、人の健康を支え発展させる優れた人材が数多く育ってくれることを願ってやみません。

最後になりましたが、本校の卒業生や修了生のみなさま、本校をこれまで支えてこられました教職員のみなさまに心から感謝を申し上げ、大いなる発展を祝いながら、閉校の挨拶とさせていただきます。

ありがとうございました。

（二〇〇七年四月二五日）

11　枯れ葉剤のまかれた山——ハノイ大学、フエ大学との大学間交流協定——

九月一二日（水曜日）ハノイへ

初めて、ベトナム社会主義共和国へ出かけた。

ベトナムは南北に長い。南北一六五〇キロメートル、東西六〇〇キロメートルである。インドシナ半島の東岸から南岸を包むように占めている。インドシナ半島の東岸に平行に走るアンナン山脈の東側にある。北は中国の雲南省、西はラオスとカンボジア、東は南シナ海をはさんでフィリピンである。

私は雲南省の方からは、あと一〇〇キロメートルほどでベトナムとの国境というあたりまで行ったことがある。雲南省は世界でも有数の内陸の活断層運動が活発な地域で大地震が起こるが、ベトナムには大きな地震が起こらない。プレート収束域の東南アジアには珍しい安定大陸的な性質の場所である。したがって、変動帯のフィリピン、インドネシア、タイ、日本などと違って、海に島がほとんどないのが特徴である。また、高い山地も少ない。最高峰は北部国境に近いファンシーパン山の三一四三メートル、アンナン山地の最高峰は中部のフエに近いアトゥアト山の標高二五〇〇メートルである。

周辺の変動帯の山地から大河が流れ出てきて氾濫する。北のデルタは、ソンコイ川（紅河）の氾濫によるもので、首都ハノイ市やハイフォン市がある。南のデルタ地帯はメコン川の氾濫によるもので、最大都市ホーチミン市がある。

一八八七年にフランス領インドシナが成立し、フランスによる植民地化が行われた。私の祖父はフランス語を専門としていたので、この地域に派遣されたことがあり、「仏印」という地名を私は小さい頃よく家族から聞いた。

日本とベトナムの関連を調べると、最初に阿倍仲麻呂が登場する。遣唐使として一九歳のとき、吉備真備らとともに唐に渡り、太学（大学）で学び、科挙に合格した。七五三年、やっと帰国を許されたが、航路で暴風に遭遇し、ベトナム（安南）に漂着した。再び玄宗皇帝に仕え、七六八年に安南都護を兼務した。

私たちの世代にとって、ベトナムの歴史は戦争の歴史である。本格的な開戦に否定的だったケネディ大統領がダラスで暗殺された頃からの歴史である。一九六四年八月、トンキン湾事件をきっかけとしてアメリカ合衆国が軍事行動を始めた。この事件そのものも自作自演であると言われている。

ホーチミンは、独立宣言の中で、フランスと日本の二重支配によって、二〇〇万人が餓死したと演説した。その後も長い戦争で多くの人々が亡くなった。

地球環境学堂のラジブさんによると、ベトナムは南北に長いので地域によって異なるが、ホーチミン市のある南部では雨期が二回あるという。これは日本の本州も同じで、梅雨の頃と九月の大雨がある。

大きな川はメコン川（瀾滄江）で、チベット高原に発し、雲南省を通り、ミャンマーとラオスとの国境、タイとラオスとの国境、カンボジアからベトナムに入る。いわゆる国際河川である。メコンのメは川の意味、コーンはワニのことだという。メコン川にはメコンオオナマズがいる。

ソンコイ川は全長一二〇〇キロメートル、ベトナム語で赤い川の意味、中国では紅河である。酸化鉄が多い。はるか雲南省の大理あたりから流れてきて、河口でベトナムに入る。そこでの川幅は約五〇メートルだという。雲南省からの南東流とハノイ北西のソンボー川（黒河）とが紅河デルタを形成している。注ぎ込む湾はトンキン（東京）湾である。ベトナム語のソンは川のことである。

フエの川は、フン川という。これは国際河川ではない。

以上を予備知識に関西国際空港から飛んで、一五時四五分に緑豊かな農村に囲まれたハノイの空港に着いた。滑走路を除いて夏草が一面に茂っている。空港に出迎えたハノイ大学の方たちからきれいな花束を贈られた。

空港から市内へ向かう道路の右の車線はバイク用、左の車線が自動車用で、お互いに入り乱れて追い越しをかける。道路の両側は田んぼと牛と大きな看板である。助手席の方から、ときどき説明がある。

「今は雨はそれほど多くないです」

それでも両側に湿地帯があり、布袋草が茂っていたりするのが見える。一六時三〇分にソンコイ川を渡る。家の屋根はみな赤い瓦である。ホンダやヤマハのバイクがどんどん追い越してゆく。マスクで顔は見えない。ヘルメットはかぶっていないが、二〇〇七年一二月からは義務化されるという。私たちの車はフォードである。

市内に入るとまず目立つのは、数え切れないほどの電話線が束になって、道路に沿って頭の上にある光景である。

夜は東南アジア研究所の柴山守さんたちが夕食会を開いてくれた。ハノイ鉱山地質大学長のカイさんは日本語が達者である。今ハノイ大学で「日越空間情報学コンソーシアム」がシンポジウムを開催しており、それに明日の午後、出席して簡単に挨拶する予定であったが、夕食会の中で、挨拶の代わりに「東南アジアの地震活動」というテーマで三〇分の講演をすることになってしまった。

夕方のテレビで日本の首相が辞任したというニュースの合間に、インドネシアで巨大地震が起こったことを知った。二〇〇四年のスマトラアンダマン地震から続く一連の大規模な活動の続きであり、「まだまだ大きな地震が続きますよ」と話した。

夜、明日の講演のスライドを準備して、先ほどのスマトラ島南部の地震のデータを加えた。

九月一三日（木曜日）ハノイ大学

朝、また、インドネシアで大地震があった。昨日話した通り、また起こったが、これほど早く続くとは思っていなかった。昨日のがマグニチュード八・四、今朝のがマグニチュード七・八というから二つとも巨大地震である。大きな地震はいずれ起こるということはよくわかるが、いつそれが起こるかはなかなかわからない。

ハノイ大学の本部を訪問して、大学間交流協定のサインをした。ティ学長とともに協定の締結を祝って記念品を交換し、写真を撮った。テレビの取材もあった。

昼食はトロンドンレストランである。四〇〇〇年ほど前の青銅器などを展示してあって博物館のようなレストランだった。

午後、地震の話をした。ベトナムの直下に大地震が起こることはないが、北には雲南省の大地震帯があり、南のホーチミン市周辺には中規模地震が起こる可能性がある。二〇〇五年一一月八日、ホーチミン市で地震が起こったことがあった。マグニチュード五・一とマグニチュード五・五の地震が連発した。これが最近の一番大きな地震である。日本列島では、これくらいの地震がどこかで、ほぼ一週間に一回は起こっている。歴史上、一三〇〇年にベトナムで大地震があったという記録がある。

また、ベトナムの東海岸には津波が来る可能性がある。対岸のフィリピンには大地震があり、その津波が来ることを考えておかなければならない。一九八三年に秋田県沖で発生した日本海中部地震（マグニチュード七・七）では、韓国でも津波による死者が出た。

九月一四日（金曜日）フエへ

ベトナムの大学生の一年は九月に始まり、七月に終わる。ベトナムでは、姓の種類が少ない。三番目の名を呼ぶのが普通である。ニュアンさんとギアンさんがベトナムのことをいろいろと教えてくれる。

午前中、両大学の交流に関して意見交換をした。

午後、ソンコイ川の左岸を南へ走って、ハノイの名物であるバッチャン焼で有名なバッチャンの町へ行った。信楽のようにたくさんの焼き物の店が、それぞれの特徴を見せて並んでいる。数軒の店を比べてみると、皆それぞれに、なかなか個性豊かである。途中の土手に沿って果物を売る人が並んでいる。家でとれたグワバである。緑のグワバだが、かじると酸っぱい味がある。

大きな道に戻って空港へ向かうが、道の横に自転車を留めてたくさんのフランスパンを売っているのが目立った。

ハノイの空港で夕方搭乗する直前、激しい夕立があった。雷鳴があり、停電して空港ビルが真っ暗になったり、たいへんである。豪雨の中を搭乗口から飛行機までバスである。日本の空港のような傘のサービスはない。

フエの空港にはアンさんや吉積さんが迎えてくれた。嘉門さんもホーチミンから到着して合流した。フエもぬれているが、ホーチミンも雨だったという。

ホテルはラ・レジデント・ホテルアンドスパというフランス風の造りである。

九月一五日（土曜日）フエ

西村理事、松本理事、嘉門さん、江崎さん、小林さんたちも立ち会って、フエ大学との大学間交流協定に、グエン・ヴァン・トアン学長とともにサインした。

ベトナムは漢字の影響を受け、箸を使うというように日本と大きな共通点を持つと同時に、日本と違う国際河川があることなど、両国の比較をしながら、両大学の交流の意味を話した。

午後、ホンハ村へ向かった。この村には、バコ、カトゥ、バヒ、タオイの四つの少数民族が住む。枯れ葉剤がまかれた山にようやく若木が育っている。戦争の時にラオスの山奥まで逃げた民族が、定住政策によってここに集まっている。途中で山羊を育てるプロジェクトの成果を見た。山羊を育てて食肉用に売る。うまく育てている小屋を見て、それを学ぶ人がいれば母山羊を次に提供するというやり方で、村人たちが山羊を増やしている。

そこに京都大学のフィールド研究学習センターがある。民家があるので中を見せてもらった。家の中央に大切な物を置き、左に男が暮らし、右に女が暮らして、その続きに台所がある。家の向かいに屋敷神が祀られている。村の人が説明する。

「そのすぐ下に爆弾の跡があります」

さらに車でしばらく走ると、たくさんの人たちが新しくできた集会所の周りに集まっている。ホンハ村の集会所である。

私たちを迎えて太鼓や鉦の音と歓迎の踊りがある。四〇〇人ほどの人たちが集まっている。京都大学の国際教育プログラムの学生たち一二名も参加している。

集会所が四つの民族の話し合いと工夫でデザインされ、伝統の工法で完成した。そこで戦争で伝えられなかったそれぞれの民族の文化を次の世代に伝えて残す努力が行われている。

「できあがった最初の作品です」

民族の柄で織った布のバッグをプレゼントしてもらった。

この集会所では、また長老たちが子供たちにさまざまの話をする。

式典があり私も挨拶した。集会所の二階で宴会が始まり、山羊、水牛の肉、キャッサバの根、タロイモなど、たくさんの種類の料理が用意されている。完熟のバナナがぶら下がっていて美味しい。瓶に入った強い地酒が供される。河の小魚の塩漬けがある。

「これは珍しいですよ」

すすめられたのは、説明を聞くと山の鼠だという。

村の人たちに別れて、フエの町に戻り、フン川の船に乗って夕食をいただいた。船を経営する家族はこの船で暮らしているようで、子供も一緒に乗っている。

九月一六日（日曜日）ホーチミンへ

朝、京都大学の研究拠点を訪問した。市内でも少し高い土地で洪水の心配がないという。近くに果物や野菜を売る店が多い。中秋の名月を控えて、近所の人たちが獅子舞の練習をしているのが見えるという。門をくぐって王宮の中へ入る。門は九つある。「九」は最大の数で縁起がいい。

「この車のナンバーは一七一で、足すと九になります」

アンさんが言う。九はよほど大切な数のようだ。内堀には睡蓮や蓮が茂っている。米軍のつぶれた戦車が並んでいる。木の枝を払う作業が行われている。

「台風がやってきます。その準備です」

フエ大学のキャンパスは町の中に点在している。国際交流を担当するアンさんのオフィスの前で記念写真を撮る。飯塚さんの活動の拠点となっている「アキコの部屋」を訪問する。

「Kyoto University Office in Hue University」という看板がかかっている。

アンさんの部屋でアーティチョークのお茶をいただいた。岡本さんがラグーンの話をしてくれる。

「世界最大のラグーンにフン川が流れ込んでいます」

ガイドの案内で宮殿を見学した。謁見の間に入ると涼しい。世祖廟の前に九つの鼎が並ぶ。王宮の前には、河に面してベトナムの国旗がはためいている。

フエに滞在する京都大学の大学院生、学部生と一緒に昼食会が開催された。田中樹《うえる》さんの司会で皆が自己紹介した。それぞれの学生が、さまざまの思いでベトナムにいることがよくわかる。
フエから国内線でホーチミン市へ移動した。広大な地域を占める夜のホーチミン市へ着陸した。ホーチミン市の市場で念願のマンゴスティンが手に入った。ホーチミン市の空港から関西国際空港への夜行便に乗って帰国の途についた。

九月一七日（月曜日）帰宅

早朝に着いた。やはり京都は暑い土地である。七月末からずっと休みなしで過ごして疲れがたまっている。敬老の日は一日中寝てすごした。

（二〇〇七年九月一二日～一七日）

12 手打式と京舞——船井哲良記念講堂、船井交流センター竣工式——

京都祇園甲部の総勢三〇名の方々による手打式と京舞で竣工式の幕を開けました。秋晴れの京都で船井哲良様から京都大学にご寄贈いただいた船井哲良記念講堂ならびに船井交流センターの竣工式を迎え、たくさんの方々に遠路はるばるご参加いただきましたことを、京都大学を代表してこころからお礼申し上げます。

この二つの施設は、京都大学の教育、研究、社会貢献を推進する拠点として、船井哲良様が個人としてご寄贈くださったものであります。今、京都大学が力強くその貴重な施設の運用を開始する運びとなったものです。ひとえに船井哲良様の、京都大学の教育研究はもちろんのこと、幅広く実施されている産学連携、地域交流の活動、国際貢献への深いご理解の賜であり、あらためて深く感謝申し上げる次第です。

竣工に至るまでに、地域の住民の皆さま方をはじめとして、関係の皆さまにはご支援とご協力をいただきました。厚く御礼申し上げます。

さらなるご説明があると思いますが、これらの施設の建設については、学生や大学院生が大学から社会に出て活躍するためにという、船井様の深いご配慮と、地域の皆様にも喜んでいただけるような一〇〇年を超える建築をという強い信念がありました。その実現のために、船井社長の周りのご関係の方々、自らたびたび現地に足を運んで建設の監修にあたられた塚原博様、設計と施工にあたられた清水建設株式会社の方々に、心からお礼を申し上げます。

この桂キャンパスから見渡す京都盆地には、一三〇〇年ほど前に大陸から酒の文化が伝えられるとともに始まった悠久の歴史があります。その京都に生まれ育った文化の本物に、学生たちが触れる機会を持つことも、たいへん重要であります。

竣工を祝っていただいた祇園手打式は、祇園に伝わる格調高い文化の一つですが、なかなか私たちには触れる機会がありません。この式典に参加してくださった学生や若手社員の皆さまにも、ぜひこの手打式を見せたいという船井様のご厚意であります。井上流の舞を舞ってくださった小富美さんは、井上流京舞の名取りです。井上流京舞五世の井上八千代さんは京都造形芸術大学の教授でもあり、京都大学の学生が課外活動としての能のご指導を受けて歴代お世話になっている観世流能楽の片山九郎右衛門さんの長女です。そのような伝統を持つ京都盆地を見渡すように桂キャンパスがあり、国際的な活動の中核となるこれら二つの施設の竣工式にとって、まことにふさわしいご配慮をいただきました。

古都京都の世界遺産を持つ京都には世界の研究者たちが集まってきて、しかも長期に滞在します。京都議定書でも最近は知られています。そのような文化の中で、京都大学には一一〇年の歴史の中で生まれた自由の学風があり、世界のトップを行く数々の研究成果が生まれてきました。それらを背景にして、この船井哲良記念講堂および船井交流センターが、二一世紀の世界で活躍する人材を輩出する拠点となっていくことを期待し、併せて、若い人材の活躍をいつまでも温かく見守ってくださるようお願いしつつ、船井哲良様のますますのご活躍を祈って、私のお礼のご挨拶といたします。

ありがとうございました。

（二〇〇七年一〇月二〇日）

13 チンパンジーに安寧な余生を——ジェーン・グドール講演会——

ジェーン・グドール講演会、第二部の初めにご挨拶申し上げます。ジェーン・グドールさんにははるばるお越しいただきました。さらにご友人である高円宮妃久子殿下のご臨席を賜りました。また、多くの皆さんにお集まりいただきました。京都大学を代表して、お礼を申し上げ、一言ご挨拶申し上げます。

この記念講演会は、三つの目的があるとうかがっています。ジェーン・グドールさんの京都大学名誉博士号授与のお祝いと、本年発足した熊本県にあるチンパンジー・サンクチュアリ・宇土の無事の門出と、そして来年四月に発足予定の野生動物研究センターの展望を語るものです。

第一に、名誉博士号について解説します。京都大学は、一八九七年創立なので今年で一一〇周年です。その長い歴史のなかで、グドールさんは一一人目の授与になります。二〇〇四（平成一六）年度に国立大学が法人化してからは最初の授与です。前回は、利根川進さんでした。三年八か月前になります。

グドールさんは、本学と深いご縁があります。グドールさんが、最初にタンガニーカ湖畔のゴンベストリームという場所で野生チンパンジー研究を開始したのが、一九六〇年七月一四日でした。今から四七年前です。そして、その年の九月に最初の訪問者がありました。それが伊谷純一郎さんでした。伊谷さんは、本学の名誉教授で、今西錦司博士とともに、世界に先駆けて日本に霊長類学を創設した人です。今西・伊谷の京都大学グループとグドールさんとは、互いに切磋琢磨して野生チンパンジーの研究をすすめてきたと言えるでしょう。

わたしの専門は地震学です。ご存知のように日本は地震の多い国です。そのおかげで学問が進みました。日本の霊長類学も同じです。ヨーロッパや北米にはサルがいません。日本にはニホンザルがいます。今西さん、伊谷さんらはそこに目をつけて、野生ニホンザルの野外観察研究を始め、霊長類学を世界に向けて発信してきました。その後、学問の必然として、人間からみて最も系統的に近いチンパンジーの研究に人々の目が向けられたのが二〇世紀の後半でした。グドールさんと京都大学の研究者の研究の蓄積が、チンパンジーという「進化の隣人」の深い理解につながったと評価できるでしょう。

チンパンジーは遺伝的にきわめて人間の近くにいます。そのために、一方で、医学実験に使われました。肝炎の感染実験です。本日の集いの第二の目的であるチンパンジー・サンクチュアリ・宇土はそうした医学感染実験の対象となったチンパンジーのための施設です。この夏、伊谷純一郎さんのご令息である伊谷原一さんのご案内で、私は現地を見てまいりました。伊谷さんはサンクチュアリの寄附講座の長としてその運営をしています。島原湾を隔てて、雲仙普賢岳を望む景勝地でした。ここのチンパンジーたちも雲仙普賢岳の火砕流を見ていたのかと思うと感無量でした。七八人いるそうですが、一人ひとり顔つきも異なり、個性があるということを実感しました。人間の医学と医療の向上のために使われたチンパンジーたちが安寧な余生を送るとともに、日本のチンパンジーたちの暮らしの模範になるような動物福祉研究が推進されることを願っています。

第三に、野生動物研究センターです。わたしは以前から、「どうして京都大学には小さいながらも植物園はあるのに、動物園はないのか」と思っていました。会う人ごとに「なぜ動物園はないのか」と問うたのですが、だれもまともに相手になってくれません。しかし、一人だけずっとそれを考えていた方がいました。霊長類研究所の松沢哲郎さんから、大学と動物園がもっと連携すれば、おのずから動物園としての役割を果たせるという答えをいただきました。早速、副学長の丸山正樹さんにお願いして、京都大学と京都市との連携を検討していただきました。また、霊長類研究所は愛知県にあるので、名古屋市との連携も検討していただきました。先般、九月には、京都大学霊長類研究所の准教授だった上野吉一さんが、名古屋市の東山動物園の企画官として赴任しました。大学の教員が動物園に転職するという最初のケースです。

京都大学は、ニホンザルやチンパンジーをはじめ野生動物の研究で世界をリードしてきています。京都大学は探検大学を標榜し、フィールドワークにもとづく研究を推進しています。野生動物研究センターが窓口となって、人間以外の動物、とくに絶滅の危機に瀕している野生動物の研究がすすみ、それによって本学の理念である「地球社会の調和ある共存」がはかられるよう願っています。

グドールさんと前回お会いしたときに、「チンパンジーを守るために京都大学にできることは何でしょうか」とおたずねしたら、「学問をしてください」と短く答えられました。あたりまえのようですが、なるほどと深く思いをいたしました。大学の使命は、教育と研究と社会貢献の三つです。まず教育と研究という両面から学問を深めてこそ、大学らしい、大学にしかできない社会貢献があるのでしょう。京都大学は、学問を深めるところでありたいと思っています。

今日は、会場いっぱいのご参加、まことにありがとうございます。

（この文章は、松沢哲郎さんのご指導をいただいて仕上げました）

（二〇〇七年一一月一一日）

14 研究を行う動物園——京都市との連携——

京都大学は、一八九七年に創立され、本年、創立一一一周年を迎えました。本郷の東京大学に次いで二番目の国立大学です。京都市動物園は本郷の隣の上野動物園に次いで第二番目の動物園で一九〇三年に開園しました。京都大学の学生たちも開園以来ずっとこの動物園に通ってきたことでしょう。

京都大学の設立は、当初は大阪を予定していたそうです。それが、京都府と京都市の強い要請があって、京都帝国大学になったそうです。この百余年のあいだ、京都大学はつねに新しい学問を創ってきました。この一年間を振り返ると、こころの未来研究センター、iPS細胞研究センターを立ち上げました。そして四月一日には、野生動物研究センターと文化財総合研究センターが発足しました。こころの未来、iPS細胞、野生動物、埋蔵文化財、一見つながりがないように見えますが、いずれも他の大学には類例のないユニークな研究センターです。これらの新しい学問の芽が、今後、急速に成長していくことでしょう。

野生動物研究センターは、野生動物に関する教育研究を通じて、京都大学の理念である「地球社会の調和ある共存に貢献する」ことを設置目的としています。野生動物のなかでも、絶滅の危機に瀕した大型の野生動物を対象としています。京都大学には、チンパンジーやゴリラやオランウータンをアフリカやボルネオの森で研究してきたフィールドワークの伝統があります。今西錦司さんと伊谷純一郎さんが初めてアフリカ探検にでかけたのは一九五八年でした。今年は、その五〇周年になります。伊谷さんの著書『ゴリラとピグミーの森』（岩波新書）の発刊は一九六一年です。わたしは理学部の学生でした。もしこの本が数年早く出版されていたら、わたしは地震学ではなくて、霊長類のフィールドワークをやろうと志していたかもしれません。

京都は世界文化遺産の町ですが、野生動物研究センターは、世界自然遺産の屋久島に観察所をもっています。先日、屋久島観察所を訪問し、全国から集まってきた若い研究者たちのフィールドワークの日々の一端を見てきました。そして、屋久島の海岸に沿ってぐるりと島を一周しました。たくさんのヤクザルとヤクシカを間近に見ることができました。サルやシカが自然のままに暮らしています。そっと歩けば、近寄っても逃げません。また、近寄ってきて人間に何かをねだったり、悪さをするわけでもありません。ヒトとサルとシカとが共存している。不思議な感覚をおぼえました。

京都大学の野生動物研究センターは、野生動物の研究をしますが、まずヒト科四属のうちのヒト以外、つまりチンパンジー、ゴリラ、オランウータンの三属を、最初の主な研究対象にすることになるでしょう。アフリカや日本での研究の蓄積があるからです。日本の動物園は現在九〇以上ありますが、チンパンジーもゴリラもオランウータンもいるのは、全国で現在五園しかないそうです。チンパンジー舎が改修されてチンパンジーが導入されると、日本で六つしかない動物園のひとつとして京都市動物園が復活します。

京都市動物園は、一九六〇年にニシローランドゴリラが来園し、一九七〇年にはその子供が生まれ、さらに一九八二年にはその子供が生まれ、というようにゴリラを三世代で育てた経験を持っています。たいへん繁殖に熱心な動物園です。少子高齢化の進むヒト科四属のことを研究しながらその福祉を考える絶好の場所になると思います。

背の高いキリン、大きなゴリラ、そうした野生動物を目近に見ることで強い感動があります。わたしもじつは孫をつれて時々来るのですが、そうした実感をもった環境教育の場として、動物園はきわめて貴重だと思います。じっさいにアフリカには行けなくても、彼らの姿を通して、アフリカの自然の生息地に思いをはせることができます。

野生動物研究センターを中核とした大学と動物園の連携により、新たな環境教育が進むことを期待します。この協定を機会に野生動物に関する教育、研究が進み、社会貢献が進むことを大いに期待してご挨拶といたします。この協定ができるまでに門川大作市長はじめ多くの方々にお世話になりました。本当にありがとうございました。

（二〇〇八年四月一八日）

第三部 大学と社会

2005年 6 月 1 日，新入外国人留学生歓迎パーティーにて

第三部

大学と社会

1　なだらかな丘に立って——第三〇回イギリス・ロマン派学会全国大会——

イギリス・ロマン派学会会長の鈴木雅之先生が、ただ今、私の俳句のこと、専門の地震学のこと、時計台記念館の地下の免震装置のことなどを紹介してくださったのを受けて、開催場所の京都大学を代表して挨拶させていただきます。

イギリス・ロマン派学会の創立三〇周年まことにおめでとうございます。また、第三〇回の学会の開催をお祝い申し上げます。

私の専門分野は自然科学、地球科学の分野でして、イギリスのロマン主義の時代と言いましても、直接的に詩人や劇作家の作品に触れる機会はあまりなくて、せいぜい出口保夫先生の紅茶のエッセイを読んだりするくらいです。

しかしながら、私はさまざまなことを比べるということが好きで、いろいろの比較をするとき、例えば時間軸をたどって、時系列で歴史を見るとき、イギリス・ロマン派の時代が物差しとして登場します。

イギリス・ロマン派の時代は、科学の世界では、一八世紀の中頃にフランクリンが雷の正体を考えて実験をしたり、ワットが蒸気機関を考えたり、それから、主要な元素である水素を一七六六年にキャベンディッシュが、窒素を一七七二年にラザフォードが、酸素を一七七四年にシェーレとプリーストリが発見したりしたことがあげられ、産業革命の始まりであり、近代の科学と技術の全盛期が始まろうとするときであります。一九世紀になると、一八二〇年には電流の磁気作用がエールステッドによって論じられ、一八二七年には、電気の学習の最初に出てくる、電流と電圧と抵抗の間の関係をあらわすオームの法則が現れました。

地球科学の目でイングランドを日本といつも私は比べます。明治のはじめにイギリスから物理学者がお雇い教師として日本にやって来ました。来るなり起こった横浜の小さな地震にたいへん驚いて、この珍しい現象を解明しなければと、世界で初めての地震学会が日本で生まれました。日本人にとっては小さな地震で、それほど不思議でもなかった現象が、イギリスの学者には経験のない目を見張る出来事でした。

変動帯の活動で山と盆地と扇状地ができました。プレート運動で北半球に陸が集まり気候が変化し、例えば、この京都盆地には豊かな地下水のある堆積層ができました。そこに育まれた変動帯の文化のこころを世界で共有することも、大切なことだと思っています。

日本とイングランドの気象の違いはみなさんもよくご存じでしょう。イギリスの人たちは晴や雨や強風や旱《ひでり》というような一時的な天候の挨拶を日常実によくしますが、日本人のような季節の挨拶はしないといわれます。俳句の季語で言えば「春惜しむ」や「行く秋」というような季語の実感をともなう理解は、イギリス人には無理ではないでしょうか。例えば、ワーズワースの「水仙」と、松尾芭蕉や高浜虚子の水仙を詠んだ俳句とを比べるとその違いが見えてきます。

イギリスの国土は、アプランドとローランドに大別でき、前者は起伏するムーア（高原地帯）を特徴とし、後者は南部と東部で、穏やかな起伏と平地から成り、チョーク（白亜）と石灰岩を岩盤とする丘陵で、海岸には切り立った崖があります。崖を見れば白い石灰岩の岩盤の上に薄い土の層が乗っているのがわかります。京都盆地に数百メートルもの厚い堆積層があるのとは、ずいぶんちがいます。

地図で見て、日本と同じような大きさの島ですが、イギリスの大地は日本列島とはまったく異なっています。気候もちがうし、大地も安定していて、活断層運動もないので、山あり谷ありの京都などのような地形はできませんでした。ウィリアム・ブレイクの『無垢と経験の歌』が、もしイギリス・ロマン派の初期に位置づけられるとすれば、その最初から、羊飼いは一日中、なだらかな丘の地形で羊を追い続けるのであります。

『万葉集』は八世紀に生まれました。『枕草子』や『源氏物語』は一一世紀の初頭に生まれました。とくに災害を題材にした最初のエッセイではないかと私は思っていますが、一二一二年には『方丈記』が出来ました。これらもこの京都盆地の変動帯の文化の中で生まれました。

イギリスからはたくさんの文学が翻訳されて、日本にやってきます。これはもちろんこの学会の皆さまの努力によっているものですが、一方では日本の文学をイギリスに伝えるという仕事もぜひ進めていただきたいと思います。イギリスにはない変動帯に生まれた文化をもとに、四季折々の風物の変化を表現しつつ、その中に人を描いていく日本の文学を、ぜひイギリスへ伝えてほしいと私は思います。

京都盆地は、変動帯の中でも、とりわけ激しく動く活断層性の盆地です。その盆地に生まれた京都大学は、またその変動帯の文化を守り伝えていく役目を持っていると思っています。皆さんが今日の会場に使って下さっている百周年時計台記念館の地下には大きなゴムの免震装置が八〇基も入っています。それは花折断層がこのキャンパスの東にあって大地震が起こる可能性があり、あるいは京都盆地には他のたくさんの活断層があって地震の多い場所だからで、強震動からこの記念館を守るために必要なのです。活断層運動が盆地を作り、そこに都が出来たのです。活断層の多い近畿北部とその周辺の地域では、大地震は必然的に大都市に起こります。そのような場所での学会を機会に、安定なイングランドの大地の文化と変動帯の京都の文化との比較を念頭に置いていただいて、第三〇回の学会と秋の京都を楽しんでいただければと願っております。

皆さま方のますますのご活躍とご発展を祈って、イギリス・ロマン派学会三〇周年への私のお祝いとし、全国大会への学会開催地からのご挨拶といたします。

ありがとうございました。

（二〇〇四年一〇月一六日）

2　一日消防署長の講評 ―秋の火災予防週間―

一日の最低気温が摂氏八度を下回るようになると、楓の紅葉が始まります。来週頃から京都には秋の行楽客が、世界の各地から集まってきます。京都市の人口は、約一五〇万人、観光客は毎日十数万人です。とりわけ多い銀閣寺が左京区にはあります。

本日は秋の火災予防週間の中での訓練です。この火災予防運動は昭和二年、一九二七年の北丹後地震の経験から生まれました。京都市は、皆さんの日頃の活躍で火事が少ないのですが、京都市は地震活動度の高い地域であり、左京区には洪水をもたらす河川があり、広大な山林地域があります。また左京区には世界から若者が集まる大学があり、重要な文化財がたくさんあります。

中越地震による震災で亡くなった方を見ると、高齢者と子どもが多いのがわかります。左京区の人口は一七万人ですが、一四歳以下が約一万九〇〇〇人、六五歳以上が三万一〇〇〇人です。三分の一が災害弱者です。

このような地域にあって、市民や旅行者が安心して紅葉を楽しみ、豊かな日々の安全な生活の場を確保することができるように、皆さんの日頃の仕事がその役割を果たしています。消防署の仕事は、災害軽減

消防訓練の講評

のための市民への広報に始まり、災害の予防であり、万一の際の消火、救出、救急であります。それによってさまざまな災害や病気やけがから人々の命や財産が守られています。

さらに大事なことは、地域住民のボランティアとの協力です。専門家である皆さんと、市民が協力して、人々の安全を守る仕事が進みます。本日はホリデイ・イン京都の自衛消防団の方々とのみごとな連携で訓練を行っていただきました。また、日本の消防の仕組みには、消防団という世界のボランティアの模範ともいうべき仕組みがあります。このような、さまざまなことを思い起こしつつ訓練を拝見しました。なお一層のご努力を続けていただくようお願いして、左京消防署の一日消防署長として、私の今日の講評といたします。

ありがとうございました。

（二〇〇四年一一月一二日）

3　四か国語の挨拶——新入留学生歓迎会

皆さん、こんばんは。このパーティーは、この一年間に、京都大学へ新しく留学された、三七九名の方たちを歓迎して開きます。私が日本語で、三人の学生さんたちが、英語と中国語とハングルとで、同じ内容を話します。

今、京都大学には全部で、約一二五〇名の留学生がいます。

五月一三日には、新しく、中国科学技術大学、韓国科学技術院、香港科技大学、台湾大学と学術交流協定を結びました。京都大学は、世界中の六三の大学、研究機関および大学グループと交流協定を結んでいます。

京都は、ユネスコの「古都京都の世界遺産」の町です。また、豊かな四季の変化がある町です。四月の桜、五月の若葉に続いて、六月は梅雨の季節で、いろいろな花がきれいです。

六月には、睡蓮が咲きます。京都大学の近くでは平安神宮で、見頃は六月上旬からです。花菖蒲も平安神宮にあります。紫陽花は雨の花で、町中で見ることができます。

京都には伝統行事が、たくさんあります。六月のいくつかを紹介しましょう。

京鉄器で作った鯰の文鎮

明日六月二日には、京都薪能が平安神宮で開催されます。三日（金曜日）、平安神宮の庭の無料公開です。神苑の約二〇〇〇株の花菖蒲が見頃です。

二〇日（月曜日）、鞍馬寺の竹伐りです。長さ四メートル、太さ一〇センチメートルもある青竹を大蛇になぞらえ、竹を伐る速さを競うものです。

六月三〇日（木曜日）、市内各地で夏越祓です。例えば、吉田神社で、茅の輪くぐりなどを経験してください。

京都大学にいる間に、学問に励むだけでなく、世界中の友人をつくり、たくさんの古都の伝統に触れてくださるよう願っています。

私のあだ名は、鯰です。日本には鯰が地震を起こすという言い伝えがあります。これは、私がデザインした鯰の文鎮で、震災除けのお守りです。これを通訳の方と返礼のスピーチをされた方、四人に贈ります。

今夜は、どうぞ、楽しく、すごしてください。

ありがとうございました。


（二〇〇五年六月一日）

4 ビアンカのデッキで――京都大学ヨット部創立七〇周年――

ダークブルーヨットクラブ会長の天野殖さん、京都大学体育会ヨット部部長の林民生さん、七〇周年記念祝賀会実行委員長の村上健治さん、そしてたくさんの歴代ヨット部とご関係の皆さん、京都大学ヨット部の創立七〇周年、まことにおめでとうございます。ＯＢの中には西島安則元総長もおられます。伊藤靖彦さんにも今お目にかかりました。京都大学の歴史をまた新しい面から見ているという実感があります。

ここにお集まりの皆さまとちがって、私自身は、ヨット競技には、というよりも運動競技にほとんど縁のない人生を送ってきましたが、私は俳句を詠みますので、ヨットやヨットレースというのは夏の季語で、夏の三ヶ月を通して詠める季語というふうに心得ております。

例えば、俳人たちは、

ヨット出て乗りざりし一人歩をかえす　波多野爽波
ヨットの帆たゝみて棒となりにけり　藤野智寿子

また、今日の会場であるこの琵琶湖は、昔から芭蕉をはじめとして俳人たちが親しんきた自然であり、

蒼翠を穿ちて白き夏の湖　　富安風生

というように詠まれています。

あるいは、私の専門である地球科学の分野から琵琶湖を見ると、神戸の六甲山と同じ、典型的な活断層地形が、この景色の特徴として映ります。活断層運動があるからこそ、この琵琶湖が生まれ、皆さんのヨット競技の場となったのです。

扇状地月の琵琶湖へなだれ込む　　尾池和夫

このように、ひとそれぞれの見方で、琵琶湖があり、ヨットレースがあるということであろうと思います。

今年も、たくさんの新入生が、新緑の比良山系のもとで、琵琶湖の夏を謳歌しはじめていることでしょう。一枚のビラから、試乗会の体験から、あるいは海に浮かぶ白帆への憧れから、ヨット部へ参加して来ていると思います。私が京都大学に入学したときにも、友人がロープをいつも持っていて、柱があると練

習を始めるという様を見ておりました。やがて九州大学で七大学総合体育大会です。今年こそとご健闘を祈っています。

国立七大学OB戦も、同じく、九州大学ヨット部OB会主管で、七月九日（土曜日）、一〇日（日曜日）に福岡小戸ヨットハーバーで行われます。

京都大学ヨット部の歴史は、一九三五年五月二六日付けの京都帝国大学新聞に、「ヨットクラブ生る、七月琵琶湖一周を目指して、六月二日練習を開始」という記事が掲載されていて、そこに始まると言えます。「琵琶湖を指呼の内に有する本学に今まで無かったのが不思議なくらい」と書かれており、ヨットクラブが待ち望まれて創設されたものということが、よくわかります。

日本が国際連盟を脱退したのが、一九三三（昭和八）年、その年に京都大学で起きたのが滝川事件であります。

また、一九三六（昭和一一）年には、ベルリンオリンピック三段跳びで、経済学部卒業生の田島直人さんが世界新記録で金メダル、法学部卒業生の原田正夫さんが銀メダルを獲得しました。田島直人さんが記念に持ち帰った苗が、北部構内の北西の角に、オリンピックオークとして育っています。

今年、戦後六〇年で、京都大学大学文書館にもお願いして、京都大学の学徒出陣の歴史も調べていただいておりますが、学徒出陣でヨット部からも何人かが出征して、帰らぬ人となったと伺っています。

昭和三三年ご卒業の喜利元貞さんのウェブサイトの手記によりますと、一九五七年当時、湖西線はまだなくて、湖北は、湖岸を走るバスが日に数本、という陸の孤島の状態で、そこに突如現れた京都の学生たち三〇名は、眺めるに値する賓客であった、と書かれています。はだしで歩いていると、「下駄を貸してあげましょうか」と言われ、「おふろに入りませんか」と誘われた仲間もいたそうです。子どもたちと仲良くなって、ヨットに乗せたりしました。湖西線が開通して、村の北部に永原駅ができたのは、その十数年後だったと、当時のことを振り返っておられます。

さまざまな歴史を経て、今年、七〇周年を迎えられました。歴代の部長、部員のご努力、熱心なOBの方々のご支援など、関係の皆さまのもたらされた輝かしい歴史に、心から敬意を表すものであります。先ほどから、いろいろと教えていただきながら、このビアンカのデッキから私もあらためて、新緑の活断層地形を見ております。その湖岸の艇庫が左手に見えました。今日のような風速八メートルくらいの、やや強い風がヨット競技にはいいのだと、そして風上へ向かって帆走するのだと教えていただきました。それを詠ませていただきました。

青嵐艇庫は九時の方向に　　尾池和夫
ヨットレースやや強風を佳しとせり　　尾池和夫

大学では、教育と研究に加えて、学生が自主的、自立的に行う課外活動が重要です。ヨット部のますますのご活躍をお祈りいたしますとともに、先輩の皆さま方のご声援、ご支援をお願いし、ダークブルーヨットクラブの今後の発展を心から願って、また、京都大学ヨット部のご検討を祈って、私のお祝いの言葉といたします。

おめでとうございます。

（二〇〇五年五月一五日）

5 精神の記録を残して——探検部創立五〇周年記念

京都大学の伝統の一つである探検の精神を生み出し育成してきた探検部の創立五〇周年の総会にお招きいただき、たいへん光栄です。心からお祝い申し上げます。

今日の出席に当たり、二冊の本を取りだしてきて、もう一度開いてみました。一つは、本多勝一さんの著書『憧憬のヒマラヤ』（朝日文庫）であり、もう一つは今西錦司編著の『大興安嶺探検——一九四二年探検隊報告』（毎日新聞社、現・朝日文庫）であります。本多さんの『憧憬のヒマラヤ』が出版された頃から私の学生時代が始まるという時代関係ですが、その記録には若い頃から影響を受けて、何でも書き残していくという旅行の仕方を見習いました。写真を撮ることと書き留めること、しかも文章にしながら記録していくことを心がけた時代がありました。『憧憬のヒマラヤ』に出てくる藤田和夫さんが、私が中国を中心に活断層を調べるというフィールドへの指導者でありました。

『大興安嶺探検』では、その「序」で今西錦司さんが「探検というものは、そのスタートにおいて、すぐれた発案者と、この案に共鳴して、これを推進してゆく何人かの熱心な同志と、そして背後から、この案が軌道にのるところまで、これを経済的に援助してくれるよき理解者と、すくなくともこの三つが揃わなければ、成立しない」と述べています。そして学生たちの活躍を紹介し、「一つの精神の記録である」と述べています。「序」の最後には、報告書の編集のこと、文部省の学術成果刊行助成金のこと、出版した毎日新聞社のことを書いておられます。この報告書が自ずから探検の精神を示しているものであると思います。

探検大学と異名を持った京都大学では、その精神から次々と新しい組織が正式に発足し、フィールドワークを中心とする研究分野ができてきました。一九六五年に東南アジア研究センター、一九六七年に霊長類研究所、一九八六年にはアフリカ地域研究センター、一九九一年には生態学研究センターと実を結び、一九九七年に総合博物館、一九九八年にアジア・アフリカ地域研究研究科、二〇〇三年にフィールド科学教育研究センター、二〇〇六年地域研究統合情報センターの発足と、今も次々に姿を整えています。

一方、一九六三年から始まった文部省科学研究費補助金での海外学術調査でも、初年度の六件のうち二件が京都大学からでありました。これは大いに増えて、五〇〇件を超えるようになっても、京都大学はいつも一〇パーセント近い獲得を続けてきました。私もそれによって地震観測を行い、例えば韓国では、その地震観測の基礎を築くお手伝いもしました。

学外でも例えば南極観測などに見られるような京都大学の研究者の活発な活躍があります。ＪＩＣＡの仕事にも、多くの貢献が見られます。今、京都大学の海外拠点は三四か所にのぼり、さまざまの形で現地の研究者たちとの交流が進められています。

西堀栄三郎さんの精神を継いで、南極観測にも多くの研究者が参加しました。私の研究分野からも何人かが出かけ、とりわけ、初めて昭和基地で越冬する二人の女性隊員の一人として東野陽子さんが京都大学から参加したのがうれしい経験になりました。

一九九七年に生まれた総合博物館の入り口すぐの場所に、私の撮影した中国の写真が展示されているのも、たいへん名誉なことだと思っています。それらもみな、この探検部の精神によってできたものであると思っています。理学研究科長をつとめていたその時、博物館の準備のさなかに、生態学研究センターの井上民二教授が飛行機事故で亡くなるという悲しい出来事がありました。これも忘れることのできないことの一つです。常設展示場に熱帯雨林を復元することで井上民二教授の遺志が受け継がれています。

人文科学研究所の水野清一教授をリーダーにした山西省の雲崗の石仏の調査研究が行われていたおかげで、私にもこの大地溝帯の調査を行うきっかけができました。東アジアではめずらしい開いている大地を直接見ることができました。

探検部に所属したわけではありませんが、その精神のおかげで、私自身もさまざまの調査研究をさせていただくことができたと感謝しています。そのような一人の研究者の立場での経験に基づく感謝の気持ちをお伝えして、探検部創立五〇周年のお祝いの言葉とさせていただきます。

ありがとうございました。

（二〇〇六年三月四日）

6 エゴからエコへ——びっくり！エコスポ！二〇〇六——

浅利美鈴さんからお茶を飲みに来るようにと言われて、彼女のやることなら間違いないという絶対的信頼感があるものですから、どんな行事をやるのか、よくわからずにOKしました。しかし、結局よくわからないままで先週も終わり、昨夜、今までに到着した情報をもとに一所懸命考えました。

まず、エコというキーワードですが、これはたった二文字に大変な意味を含む言葉です。コの字に点を二つ打つだけで、二〇世紀まで、我々の自然環境に与えた大きな負荷を表す言葉「エゴ」になります。しかし、エゴをエコに変えるためには、二つの点を消すための大きなエネルギーが必要です。

私たちはお茶を飲みます。そのためにはエネルギーが必要です。しかし、ここで考える必要があります。電気のような上等のエネルギーは、エゴをエコに変える、あるいは戻すために大切に使っていかなければなりません。私たちがお茶を飲むには、ローカルな、あるいはソフトなエネルギーを使う工夫が必要になります。今日わざわざお越しいただいている長田達也さんの「ナチュラルエナジー」も同じだと思います。

ここでもう少し考えると、京都大学の構内でお茶を飲むとすると、低質のエネルギーといえば、私たちの身体の脂肪があります。特に私は、血糖値が上がって運動しなければならないのですから、低質のエネルギーの代表的なものが提供できる立場におります。

本当は、最も効率のいいエネルギーの使い方は、「臍で茶を沸かす」というように昔からの知恵がありま す。しかし、それでは皆さんが集まる場所では、ちょっとまずいでしょう。それで自転車をこいでローカルに変換するという方法が考えられたのであります。

火力発電で三七パーセントが電気エネルギーになり、供給された電力のかなりの部分が、また熱に変換されて暖房や給湯に使われます。電気という質の高いエネルギーを使うのは、いかにももったいないやり方だという考えがあります。このイベントではそんなことまで理解できる仕組みがあるのだと思います。そのために、私も頑張って自転車をこぐことにしたいと思います。

以上のように考えて昨夜、これでやっと納得して、ゆっくり寝ることができました。このように、「孤立したシステムにおけるエントロピーは減少しない」という法則の理解にまで及ぶ、このイベントの意味は実に奥の深いものであり、さすがと感心しました。

たくさんの方のご参加、ありがとうございます。

（二〇〇六年六月五日）

「びっくり!エコスポ!二〇〇六」へのメッセージ

地球のことを研究します。妻も子も孫も私も皆が住む地球だからです。
歩いています。健康のためです。
包装をことわります。資源の節約のためです。
明かりを消します。エネルギー節約のためです。
永久保存の印刷物を奨励します。紙は炭酸ガスを固定しているからです。
間伐材の活用を支援します。人工林は手入れしないと災害を起こすからです。
戦争に反対します。人の命と自然環境を大規模に破壊するからです。
湖や川をきれいにします。水を飲みたい生き物のためです。
「びっくり!エコスポ!二〇〇六」を応援します。すばらしい活動だからです。

（二〇〇六年八月九日）

7　プライベートビーチ――白浜海の家竣工披露式――

本日は、白浜海の家竣工披露式に、立谷誠一白浜町長、岡谷裕計白浜町議会議長をはじめとする白浜町地元関係者の皆さま、また、本学からも多数の関係者の皆さまにご出席賜り、誠にありがとうございます。

白浜海の家の沿革について少しお話しいたします。

隣のフィールド科学教育研究センター瀬戸臨海実験所の前身である京都帝国大学理学部附属瀬戸臨海研究所が、大正一一年（一九二二年）、白浜町の前身である当時の瀬戸《せと》鉛山《かなやま》村から敷地を購入した際に当時の浦漣《さざなみ》村長から山林三二七七坪の寄附を受けるとともに、隣接地の買収や大阪税務監督局からの管理換えを受け、昭和一〇年に建物を新築したのが、白浜海の家の出発です。

当初は、本部福利厚生施設として使用していましたが、その後、課外活動施設として利用されるようになりました。一時は、研究室のゼミ等にも利用されていましたが、近年は、体育会のウィンドサーフィン部や自転車競技部の合宿、また花火大会の時の学生の宿泊などにも利用されています。

風光明媚なプライベートビーチに隣接したところに建っているとはいえ、築七〇年を経過した建物は、シロアリの食害等によりかなり老朽化していましたので、今回、学生の学習意欲を喚起するキャンパス環

j-Pod 工法で完成した白浜海の家

境の改善を図る一環として、学生と教職員の福利厚生や一層の課外活動の活発化を期して建て替え、再出発することになりました。

今回の建て替えにあたって、平素より京都大学に対してご支援、ご指導をいただいている地元関係者の皆様には、工事中につきましても何かとご協力いただき、完成する運びとなったことに感謝いたします。

今回の白浜海の家の建築工法は、地球環境学堂の小林正美教授が中心となって開発された間伐材を利用したｊ－Ｐｏｄ(注)工法を用いて建設されました。既に本学では、吉田キャンパスで国際交流セミナーハウスの建設にあたってこの工法を用いております。ｊ－Ｐｏｄ工法については、後ほど施設の概要説明で小林正美教授から説明があると思います。今回の木材の多くは、地元有田郡和歌山研究林の間伐材を利用しました。間伐材の有効利用は、地球環境にも優しく、ここ和歌山においても、ｊ－Ｐｏｄ工法が一般に広く利用されることを期待します。さらに、建物付近に設置されているサイコロベンチも和歌山研究林の間伐材を利用しています。間伐材の切り出しなどの提供に関しては、フィールド科学教育研究センターの白山義久センター長、柴田昌三副センター長の協力に感謝いたします。

この完成した白浜海の家のある地域には、やがて南海地震が起こり、大津波がやってくることが分かっています。その被害を防ぐため、実用化された緊急地震速報を活用するシステムを導入しておいてほしいと思います。また、地元と京都大学が協力して、震災や津波に備える方策のモデルとなるような防災計画を仕上げておいてほしいと願っています。

ありがとうございました。

（二〇〇八年七月一二日）

（注）

ｊ−Ｐｏｄ工法とは、京都大学が産学連携により新たに開発した独自の木造建築工法。ロの字型の木枠を間隔をあけて四本並べ、四隅をつないで箱の形にした構造体を基本単位とし、これを平面に並べたりあるいは積み上げたりすることで、様々な建築物を建てる。耐震性に優れ、部材のサイズを標準化することによって、生産も施工も簡単にできるのが特長。

8　よみがえる古代の小麦——第三のビール発表会

本日は京都大学、早稲田大学と黄桜株式会社が進めてまいりましたビール共同開発の第三弾として「ルビーナイル」をご紹介できることになりました。詳細は関係者のみなさんから話していただきますが、ピラミダーレという珍しい小麦を使ったビールを開発していくそうです。「していく」と言いましても一応完成しており、ただピラミダーレ小麦はまだ栽培中で、今のところはデュラム小麦というのを使っていると聞いています。

京都大学がなぜビールの開発を手がけたのかとよく問われますが、最初のきっかけは先日京都大学で講演していただきました当時早稲田大学教授、現サイバー大学学長の吉村作治先生でした。吉村先生があるビール会社との共同研究で、壁画をもとに古代エジプトのアルコール飲料の再現に着手されたのが二〇〇一年のことです。それには京都大学が保存していたエンマー小麦という古代小麦が必要だというので提供して、再現できたと発表されたのが二〇〇四年の秋でした。それを私がビール会社のウェブサイトで見つけて商品化できないかと思い、ここにおられる松重和美副学長がセンター長だった国際融合創造センターに持ち込んだところ、平井伸博教授、澤田芳郎教授ほかのみなさんがいろいろ調べてくださって、残念ながらビール会社は商品にしないことがわかりました。

ところがその代わりに、問題のエンマー小麦を使ったおいしい現代ビールを作ろうという提案がありました。それはどんなビールになるだろうかと、私はその提案に大変興味を持ちました。これは栄養化学がご専門の農学研究科伏木亨教授のアイデアでした。伏木先生は引き続いて黄桜株式会社とともにテイストデザインにあたられ、二〇〇六年四月に「ホワイトナイル」、二〇〇七年八月に姉妹品の発泡酒「ブルーナイル」が完成しました。そして本日は、ピラミダーレ小麦を使用予定のビールである「ルビーナイル」を飲んでいただけることになりました。大学というのは知の蓄積の場でありますが、それを抱え込んでいるだけではつまらないのです。学問は学問でやりますけれども、そのおもしろさをみなさんにも共有していただきたいのです。そのためのビールではないかと思っています。

エンマー小麦にせよピラミダーレ小麦にせよ、古代エジプトで栽培されていました。その種を京都大学が持っていることが、木原均さん以来の伝統であり、河原太八先生たちのご努力の賜であります。それが活断層盆地の京都の地下水とともに、現代の知恵で我々の時代によみがえることに、文明史的な意味があると言えるでしょう。「ホワイトナイル」、「ブルーナイル」と並んで、「ルビーナイル」も末永く親しんでいただければと思います。本日はありがとうございました。

（二〇〇八年九月二六日）

おわりに

京都大学の第二四代総長就任から退任までの、折々の式辞などの記録をもとに、数人の方々のご意見をいただきながら取捨選択をくり返して、この本の原稿を整えてきた。再校の段階で、あらためてふり返ってみると、自分にとって納得のゆく並び方になってきていた。「はじめに」の内容との多少の重複をお許し願って、もう一度、本の題に用いた「変動帯」という言葉について考えてみたい。

この本の主題とした「変動帯」という言葉は、「はじめに」にも述べたように、英語の用語も定まっていないし、広辞苑には出ているけれども、日本語の中にもまだしっかりと定着していない言葉である。変動帯はプレート境界に沿って、プレートとプレートとの相対運動によってできる。プレートが大陸を乗せて水平に動いているという考えは、二〇世紀の後半になって定着した。それに先だって二〇世紀の前半に、大陸が移動するという概念を熱心に提唱したのは、アルフレッド・ロータル・ヴェーゲナーであった。

この本の校正を進める段階で、ヴェーゲナーの『大陸と海洋の起源――大陸移動説』（都城秋穂・紫藤文子訳、岩波文庫）を読み直してみた。それは、この大陸移動説から現在の地球観にいたる近代の固体地球科学の発展が、京都大学の歴史と対比できるように私には見えるからである。

ヴェーゲナーは一八八〇年にベルリンに生まれた。彼がベルリン大学に入学したのは、京都帝国大学創立の一八九七年から二年後であった。また、ヴェーゲナーの大陸移動説を日本に最初に紹介したのは寺田寅彦だったという説がある。寺田寅彦は一九〇九年に東京帝国大学助教授になると同時にベルリン大学に留学し、物理学や地球物理学や地理学を学んだ。

帰国した後、寺田寅彦は東京地学協会総会で「アイソスタシーに就て」と題する講演を一九一五年に行い、その中でヴェーゲナーの大陸移動説を紹介したという。また、関東大震災の直前には、日本天文学会で大陸移動説について話したという記録がある。

ヴェーゲナーの『大陸と海洋の起源』の第一版が出たのは一九一五年であり、その後一九二〇年に第二版、一九二二年に第三版、一九二九年に第四版が出た。第四版の序文で、ヴェーゲナーは次のように述べている。

「地球の昔の状態を明らかにするためには、地球科学の全分野の協力が必要である。そして、そのようなすべての分野にわたる証拠を総合することによってはじめて真理に達しうるのである。このことを、科学者たちはまだ十分には理解していないようにみえる」

そして、第四版の第一章の最初は、この本が生まれた事情の説明から始まる。

「大陸移動という観念を私がはじめて思いついたのは、一九一〇年のことであった。それは世界地図を見て、大西洋の両岸の海岸線の凹凸がよく合致するのに気がついた時であった」

第三版は、数か国語に翻訳されたと、そこに書いてあるが、ヴェーゲナー自身は、日本語訳が一九二八年までに出ていたことは書いていない。日本では、北田宏蔵訳『大陸漂移説解義』が一九二六年に古今書院から、仲瀬善太郎訳『大陸移動説』が一九二八年に岩波書店から出版された。

一九二九年という年は、菊池大麓総長に招かれて一九〇九年に京都帝国大学理工科大学に着任した志田順が、「地球及地殻の剛性並に地震動に関する研究」で帝国学士院恩賜賞を受賞した年であり、また、巨大な飛行船ツェッペリン号が、世界一周の途中に日本に寄港した年でもある。地球の中を見る眼を磨き、地球の表面の地形を上空から直接観る手段を具体的にした年と言える。さらに、京都帝国大学の松山基範は、兵庫県の玄武洞など東アジア各地の岩石に残る地場を測定して、この年、一九二九年に地球磁場反転説を初めて発表した。このことが一九五〇年代になって古地磁気学の発展につながり、大陸移動説に決め手を提供することになった。彼の名は、二四九万年前から七二万年前までの地質時代最後の地磁気逆転期に「松山逆磁極期」という名で残されている。

ヴェーゲナーは、四度目のグリーンランドの調査旅行の途中、一九三〇年に、五〇歳の誕生日を祝ったのちに出かけて遭難した。強行軍による心臓発作で亡くなったのだろうと言われている。

二〇世紀半ばに、日本で大陸移動説を取りあげたのは、手塚治虫の『ジャングル大帝』であった。物語の頂点が、大陸移動説の証拠となる石を発見するための登山だった。このようなエピソードを、学習しつつ収集したのは、やはり総長という仕事のおかげであろう。

二〇世紀後半には地震発生の仕組みがしだいにわかってきた。京都大学のある京都盆地が活断層運動によるということも、一九九五年兵庫県南部地震のあと急速に進めることのできた活断層調査や地下構造調査でわかってきた。日本海の拡大、日本列島の形成、海溝に沿う巨大地震の発生や内陸の活断層性の地震発生などが、大陸移動をともなうプレートの動きで説明されるようになった。その過程の中で、私は日本列島の、とくに京都などの活断層盆地に生まれ育った長い歴史を持つ文化が、堆積層に蓄えられた豊富な地下水をもとにしていて、それが「変動帯の文化」と表現できるものであるという考えを持つようになった。

二一世紀になって、ヴェーゲナーの大陸移動説の芽生えからほぼ一〇〇年たった今では、日本海の拡大とともに、大陸から切り離された日本列島が変動帯にある列島であり、地震や火山噴火の活発な場所であるということが、どの教科書にも書かれている。そして日本列島はプレートの集まってくる地域にできた島々であるということが知られている。とくに西日本では、フィリピン海プレートの沈み込みによるプレート境界の巨大地震発生のスーパーコンピュータによるシミュレーションが進んで、次の東南海地震や南海地震が、二一世紀の前半に起こることが確実であるということもわかってきた。

大陸移動説の進展と歩調を合わせるかのごとく、日本の高等教育の歴史を見ることができると思う。とくに京都大学には、フィールドワークを原点とする野外科学の伝統があり、京都大学の研究者たちの活動も、この一一〇年ほどの間に、冒険から探検へ、そして探検から科学へと展開されてきたのだと思う。その歴史が大陸移動説の進展に対比されるのである。

地球科学に限らず、現象を自分の目で見つめることによって、はじめてものごとがよくわかってくるというのは、多くの分野について言える。またいつの時代になっても変わることはない。京都大学の科学者たちは、社会を見つめて世界観の変遷を論じ、ナノテクノロジーの分野で光を蓄え、一二七億光年の宇宙からの光を見つめ、あるいは固体地球内部に記録された地球の歴史を分析し、こころと生命を読み解く仕事をしている。そのような研究の姿のほんの一部を切り取って、この本に紹介したと思っている。

国立大学法人化前後の大学運営でも、私は職員の方たちに「現場へ自分で行く。現象を自分で見る。現状を自分で書く」という仕事の「三現則」を話してきた。そしてその意味を学生たちにもできるだけ直接伝える機会を作ってきた。

そのような私に、職員の皆さんは本当によく対応してくださった。また、学生たちからは、さまざまの形で私にメッセージが送られてきた。例えば、この本のカバーの裏表紙の写真は、本部棟の関門を潜り抜けて私に門口賢子さんから届けられたハロウィーンのカードであり、第一章にある学部卒業式の写真の前列には、アメリカの大学よりは慎ましいが、手の込んだパフォーマンスが写っている。また、式辞の前後のメールでのやりとりの一部は、私のさまざまのエッセイなどにも記録されている。

総長の最後の職務を終えて帰宅する二〇〇八年九月三〇日の夕刻、本部棟での見送りを受けて正門を出ようとしたとき、京都大学のシンボルである樟の前に学生や教職員が集まっていて、応援団のリーダーからエールが送られた。きっと前例のないできごとに総務部の方には気を遣わせたであろう。

国立大学法人化の前後に、京都大学の教職員と学生、卒業生をはじめ、さまざまの方々からいただいた協力や貴重な意見は、本当に書き尽くせないほどであった。法人化した直後からの、国立大学法人京都大学の監事、理事などの役員、経営協議会の皆さんの仕事もたいへんなものであった。その法人が設置した京都大学に籍を置く副学長、部局長、教職員、医療技術短期大学部の教職員の方々の仕事も、質量ともに前例のないものであった。しかし難関は、皆さんの努力で無事に乗り切ることができたと思っている。総長をささえてくださった皆さま方に、今一度こころからお礼を申し上げる。

二〇〇九年八月二三日（日曜日）

尾池和夫

著者紹介

尾池和夫（おいけ・かずお）

1940年東京生まれ．1959年土佐高等学校卒業．
1963年京都大学理学部地球物理学科卒業後，
京都大学防災研究所，理学部，理学研究科に勤務．
2003年12月16日第24代京都大学総長に就任（2008年９月末退任）．
2009年４月より財団法人国際高等研究所所長．
京都大学理学博士，京都大学名誉教授，日本学術会議連携会員．
氷室俳句会副主宰，俳人協会会員，日本文藝家協会会員．

主な著書
『中国の地震予知』NHK ブックス，1978年．
『図解雑学 地震』ナツメ社，2001年
『大地 尾池和夫句集』角川書店，2004年．
『新版 活動期に入った地震列島』岩波科学ライブラリー，2007年．

京都大学総長メッセージ　2003〜2008
変動帯の文化——国立大学法人化の前後に

2009年11月10日　初版第一刷発行

著　者　尾池和夫
発行者　加藤重樹
発行所　京都大学学術出版会
606-8305　京都市左京区吉田河原町15-9
京大会館内
TEL 075(761)6182　FAX 075(761)6190
URL　http://www.kyoto-up.or.jp/

印刷所　亜細亜印刷 株式会社

ISBN978-4-87698-922-5　C1300